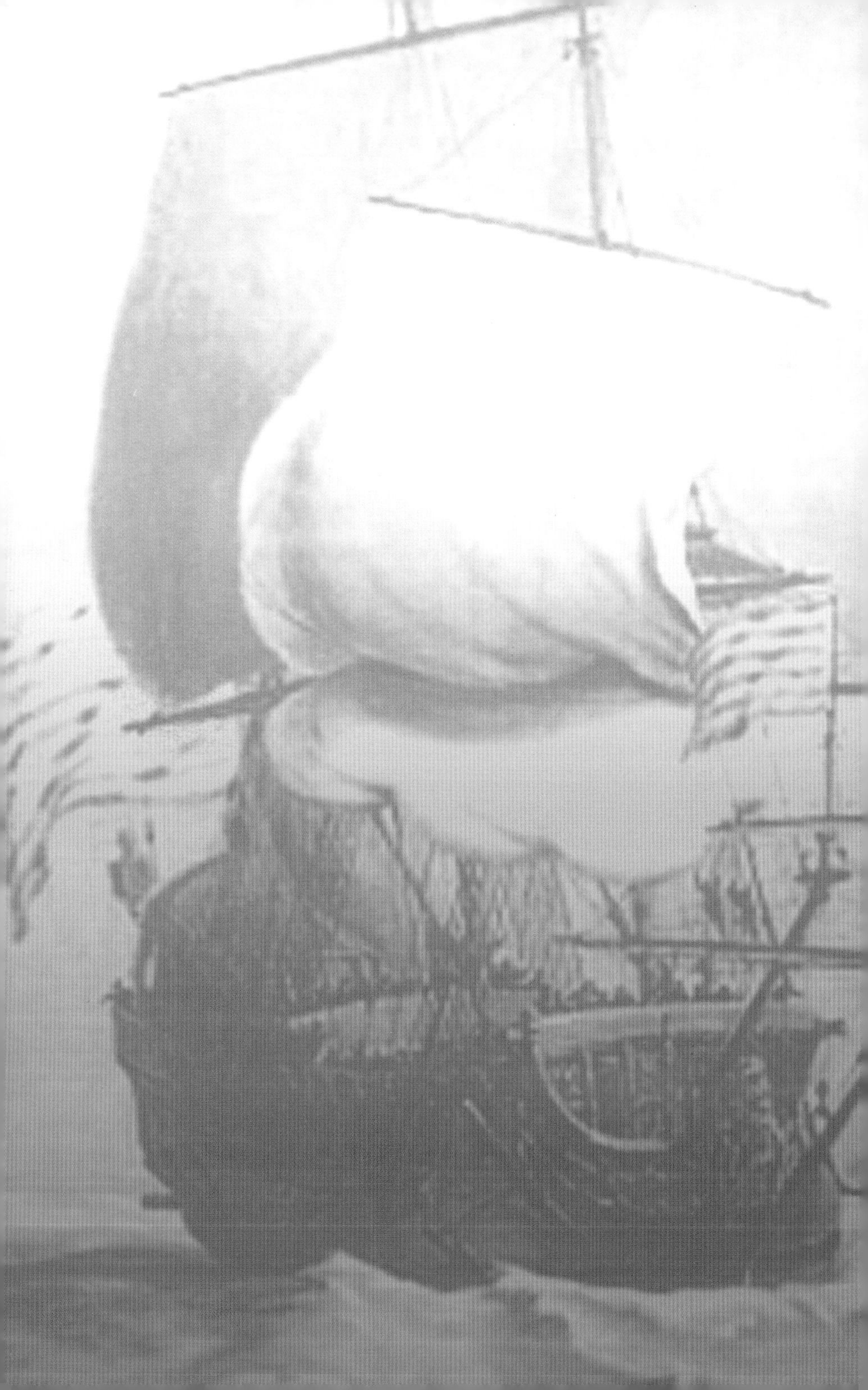

海捞瓷收藏与鉴赏

陈逸民　陈　莺　著

上海大学出版社

图书在版编目（CIP）数据

海捞瓷收藏与鉴赏/陈逸民，陈莺著. —上海：上海大学出版社，2013.3

ISBN 978-7-5671-0604-8

Ⅰ.①海… Ⅱ.①陈… ②陈… Ⅲ.①瓷器（考古）-收藏-中国②瓷器（考古）-鉴赏-中国 Ⅳ.①G894 ②K876.3

中国版本图书馆CIP数据核字（2013）第029916号

责任编辑 柯国富
技术编辑 金 鑫 章 斐
装帧设计 谷夫平面设计

书　　名 海捞瓷收藏与鉴赏
著　　者 陈逸民 陈 莺

出版发行 上海大学出版社
社　　址 上海市上大路99号
邮政编码 200444
网　　址 www.shangdapress.com
发行热线 021-66135112
出 版 人 郭纯生

印　　刷 上海上大印刷厂
经　　销 各地新华书店
开　　本 889×1194 1/32
印　　张 5.75
字　　数 115千
版　　次 2013年3月第1版
印　　次 2013年3月第1次
印　　数 1～5300
书　　号 ISBN 978-7-5671-0604-8/K·119
定　　价 38.00元

目　录

1 前言
1 一　海捞瓷和外销瓷
11 二　著名的古代沉船
12 1.“哥德堡号”
14 2.“黑石号”
16 3.“碗礁一号”
18 4.“南海一号”
20 5.“华光礁一号”
21 5.“新安沉船”
23 三　海捞瓷的分类
24 1.商品瓷
24 (1) 传统瓷
28 (2) 订样瓷
30 (3) 仿制瓷
32 2.礼品瓷
39 四　克拉克瓷
40 1.克拉克瓷的基本特征
41 (1) 器型
42 (2) 工艺
43 (3) 纹饰
44 (4) 疑惑和缺陷
46 2.克拉克瓷的产地

53 五 海捞和外销的中国瓷器
54 1.唐代的瓷器
57 2.宋代的瓷器
62 3.元代的瓷器
66 4.明代的瓷器
71 5.清代的瓷器
78 六 海捞的日本瓷器
85 1.克拉克瓷
87 2.普荣克瓷
88 3.青花童子雕塑瓷盆
90 4.染付瓷
91 5.九谷烧
92 6.伊万里窑
93 7.地图瓷
97 七 海捞的欧式瓷器
113 八 海捞瓷的鉴别
115 1.不粘或少粘泥沙的海捞瓷
115 2.粘沙海捞瓷
116 3.粘泥海捞瓷
118 4.珊瑚海捞瓷
119 5.海捞瓷特征
119 (1)附着的泥沙
121 (2)附着的生物
124 (3)盐花和盐结晶
126 (4)水纹、水印和裂纹
130 九 珍稀的海捞瓷
161 参考书籍
163 后记

前 言

海捞瓷，这是一个在20世纪末刚刚被人熟悉的词汇。

在当今的文博界、收藏界和新闻界，只要它的出现，已经是可以引起轰动的新闻了。“碗礁一号”的出水，“南海一号”的打捞，韩国海岸的元代沉船，印度尼西亚黑石礁海底的沉船都使喜爱中国古代文物的人们为之一振，一些我们已经熟悉的瓷器充实了中国古代艺术品的宝库，一些从未见过的瓷器，由此进入人们的眼帘，一座从未有过的博物馆建在富饶的大海

图1　2007年香港“亚洲国际艺术古董展”展出的英国南京公司的海捞瓷

图2　海捞瓷贸易洽谈

上。而中央电视台纪录频道播出的《南海一号》，更是以精彩的视觉形象给观众以强有力的冲击。海捞瓷，将以它婀娜多姿的身影，永久地留在我们的记忆中。海捞瓷，因为它的存在，中国陶瓷史将被改写！

浩瀚的大海，吞没过往的船只是多么的残忍和无情，我们为此痛惜生命的渺小和无能；浩瀚的大海，守护怀抱中的宝物却又是那么的温柔和有情，出水的瓷器崭新和光亮，犹如一位沉睡的美人，刚刚苏醒过来，我们为此惊艳她的美丽和瑰奇。

这些绝世美人，这些惊艳的瓷器。从图1和图2中可以看出，在当今艺术品市场上它们是多么的受到追捧。在中国嘉德举行的海捞瓷拍卖会上，成交率高达90%以上，足以证明海捞瓷的市场前景是多么诱人。

在出水的海捞瓷器上，我们看到了中国式的亭台楼阁，也看到了西洋的别墅；看到了中国的牡丹，也看到了欧洲的郁金香；看到了景德镇的制瓷图，看到了中国传统文化的摆设（图3），甚至看到了古代日本的地图；看到了篆书、楷书，也看到了清代的简化字。那么多的稀奇，那么多的违背常识，那么多的和我们的习惯思维不一致，海捞瓷实实在在是一个谜！

要破解海捞瓷之谜，就需要我们认识它，熟悉它，理解它。好在我国已经建立起一支水下考古的队伍，他们超乎寻常的努力，为学术界提供了许多可靠的海捞瓷实物，为海捞瓷的研究打下了扎实的基础，为我们揭开海捞瓷之谜提供了方便。

事实上，在水下考古正式打捞之前，沿海的渔民已经打捞上数量惊人的海捞瓷。开始是无意的行为，当一网下去，捞上来的不是活蹦乱跳的鱼虾，而是一些碎或未碎的瓷器时，渔民多的是懊丧，他们咒诅这些可恶的瓷器割破了他们的渔网，减少了他们捞鱼的产量。这些碎或未碎的瓷器，有的被扔回大海，有的被带回家中，充作他用。渐渐地，渔民们也知道，这些可恶的瓷器也可以出售，10元、15元、20元，甚至上百上千元，无用的废物成为渔民用以挣钱的宝贝，无意的打捞开始变味，渐渐地，出海打鱼，变为出海打捞，甚至变为有组织的盗捞。于是，市场上的海捞瓷逐渐出现，一开始还清洗得干干净净，后来，满身砂渍或者泥污的海捞瓷占据了不少古玩市场的一席之地，引起了不少收藏家的兴趣。

为了让藏家相信出售的是真正的海捞瓷，这些渔民们一开始往往赌咒发誓，甚至拿出身份证证实自己的渔民身份，后来，是藏家追着他们，渔民们也就觉得十分的扬眉吐气。

图3　海捞瓷片

海捞瓷有假的吗?

应该说，各地收藏家这种善意的收购，开始也是无意识的。只是好奇，只是增添新的品种。当收藏家们在这些随意收购的海捞瓷中，发现许多见所未见的瓷器时，发现许多珍品重器时，一开始是怀疑，然后是惊愕，最后是醒悟。

随着市场的扩大，狡黠的渔民开始想到，当海底打捞越来越困难，国家对水下文物的控制越来越严格的时候，他们开始从景德镇等处买下仿古的瓷器，往海里浸上一年半载，捞上来，也能充海捞瓷出售，这样做，基本上没有风险。于是，市场上也充斥着仿制的海捞瓷，海捞瓷的鉴定也就成为一件迫不及待的事情。

认识真正的海捞瓷应该是一门全新的学问。

然而，对于海捞瓷这门陶瓷领域的新课题来说，仅仅鉴别它的真伪并不能真正领悟海捞瓷的艺术价值和学术价值。对于普通收藏爱好者来说，鉴别海捞瓷的真伪似乎特别重要，对于海捞瓷的研究者和探索者来说，面对着成千上万的出水瓷器，他们的着眼点并不在于海捞瓷本身的真伪，而在于海捞瓷所带出水的文明信息，在于海捞瓷所携带的中国陶瓷史之谜，在于海捞瓷所显示的中外商贸史，在于海捞瓷所反映的海上丝绸之路的盛况，在于古代沉船所揭示的中古文明的海上航线，在于海捞瓷所要告诉我们的中外文明交流和古代中国和世界各国交流的历史，在于我们不知道的古代中国史甚至古代世界史。

比如著名的“南海一号”沉船，就承载着大量的历史信息，在各地的博物馆中都有“南海一号”沉船出水的瓷器展出（图4），这些以实物形态存世的历史，会告诉我们什么信息呢?

首先，它会告诉我们中国瓷器在宋代外销的范围。历史上，凡是宋朝海船所到之处，几乎都有宋瓷的出口，近者为日本、高丽和东南亚各国，远者有南亚和西亚地区。在“南海一号”上就有南宋出口商品的实物。沉船上一些“喇叭口”的大瓷碗，其式样在国内从未发现过，却与阿拉伯人常用的“手抓饭”的饭碗很类似。还有一些陶瓷首饰盒等物品，其式样、造型及

图4 杭州南宋官窑博物馆展出的国家博物馆藏“南海一号”出水的瓷器

风格都与国内同类物品风格迥异，显然都是为国外客户专门制作的。“南海一号”上的很多瓷器都是国内窑场根据国外市场的要求而特别加工制作的。由此可见，来样加工这种贸易形式，早在宋代就已经出现了。

其次，它会告诉我们宋代瓷器的生产规模，也就显示我国宋代的生产力水平。日本陶瓷史学者三上次男说：“10世纪至12世纪，泉州有许多商船运载中国陶瓷器东渡日本，发现最集中的是镰仓，在这里采集到的中国陶瓷器有五万余件。”①而在东南亚的菲律宾、越南、马来西亚和文莱都出土有数量不少的中国宋代瓷器。这种宋代瓷器的生产数量，在“南海一号”一艘船上就得到了证实。即使在一个面积仅几平方米的小舱内，考古人员就发现了4000多件文物，初步估算，清理完毕后，整条沉船装载的文物可能有6万至8万件，而其中绝大多数是瓷器。从“南海一号”上我们就可以看出宋代瓷器生产的规模和数量。这样的生产水平和数量是和宋代陶瓷生产技术的先进和设备规模的宏大分不开的。在福建泉州市德化县三班镇蔡径村一个迄今还在生产的名为“月记”的宋代龙窑，其每月的产量为数十万计。历史记载，宋代德化的从事外销瓷生产的制瓷工匠有六万人左右，再加上辅助人员，共有数十万人从事出口瓷器的生产。这样的规模，足以证明宋代我国的生产力是处在世界前列的。

第三，它会告诉我们宋代的经济结构和社会结构。一条沉船，近十万件文物，为何能揭示如此深邃的社会课题？有宋一代，瓷器成为我国最大的出口商品，“南海一号”沉船的瓷器数量足以证明这个事实，大量的出口的瓷器，不仅背后有先进的技术支撑，更有先进的设备和数量庞大的熟练工人作为支撑，这种生产力水平的先进性和手工业工人群体的存在，必定会使宋代的经济结构和社会结构发生根本的变化。有学者认为，南宋时期外销瓷的产值要占到我国GDP总量的20%左右，这种经济比重必然影响政府的财政收入以及由此产生的税收政策的调整；而手工业工人这个群体的发展，也必定对宋代社会生活产生巨大的影响，宋代戏曲艺术的空前繁荣，恐怕就和这个群体的发展壮大有关。

而一些用毛笔书写的普通瓷器的出水（图5、图6），瓷器上这些文字很有可能是船上水手的名字，作为一个也许是最普通的宋代船员，这些碗底的墨书可能让历史记下了他们。

图5　出水瓷器底部手写的墨书文字

图6　出水瓷器底部手写的毛笔字

“南海一号”出水的海捞瓷，它所展示的是一个真实的宋代社会，一个逝去久远的古代文明。鉴别它的真伪，探索它的价值，特别是它的学术价值，这样的海捞瓷实在够得上专家学者研究一辈子。

由“南海一号”可知，海捞瓷和瓷器的外销有着密不可分的关系，因此，笔者也就中国古代的外销瓷器予以关注，在许多博物馆展出的相关瓷器中，外销瓷的数量远远比外销以后沉没的海捞瓷多得多，关注和研究外销瓷，对于解读我国瓷器的出口和沉没打捞，有着必然的联系。书中对这两者作贯通的研究，可让

读者对出水的海捞瓷和我国历代的外销瓷有一个比较全面的了解，也更让读者对这些瓷器所揭示的中国陶瓷史知识及我国和相关国家的陶瓷传承和交往的有一个基本的了解。所以，仅仅着眼于单纯的海捞瓷鉴定真伪，并不是本书的宗旨。

海捞瓷正以它无与伦比的姿态，悄然走进中国和世界的收藏界、文博界，它要告诉研究陶瓷史的专家学者，告诉研究古代中国历史和世界历史的专家学者，海底，有无数谜团等待着有志于探索和研究的人们，海底有着人类未知的文明。

本书在提供著名沉船和海捞瓷信息的同时，既着眼于海捞瓷真伪的鉴定，为收藏爱好者在各类市场中认识真正的出水海捞瓷提供帮助，更着眼于介绍海捞瓷所承载的文明信息和它可能解开的历史之谜。因此在相关的章节中，可能有冗长的叙述，但它一定不是泛泛空谈，而是对海捞瓷或者相关的外销瓷和中外陶瓷交流的有益探索，熟悉这些知识，对于海捞瓷的鉴定也有着事半功倍的效果。

①《宋元时期泉州港的陶瓷输出》，载《海交史研究》1984年。

一　海捞瓷和外销瓷

海捞瓷，顾名思义，就是从海水里捞起来的瓷器。同意这个定义，也就是说，海捞瓷没有年代的规定，即使是本世纪沉入海底的瓷器，它也应该是海捞瓷。这样的阐述，显然和市场上通行的海捞瓷的观点有相当的距离。

更为确切地说，海捞瓷，就是从海底古代沉船上捞起的瓷器（图1-1）。

这个“古代”，一般来说，是指我国清朝及以前的年代，但是，考虑到

图1-1　海捞瓷

收藏界对民国瓷器的追捧逐渐增加，所以“古代”也可以放宽至我国的民国时期。随着时代的发展，所谓古代的年限还有可能逐渐向后延伸。

当然，随着现代工业的发展，海上航行的船只已经是大型化、机械化和电子化，不再是扬帆远航的情景，船舶失事的概率大为下降。而瓷器也已经不再是我国的主要出口商品，所以现代沉船上的海捞瓷的学术价值、艺术价值和经济价值势必大为降低。因此，将海捞瓷定义为“海底古代沉船上捞起的瓷器”是比较确切的，或者再把它的定义限止为“海底古代沉船上捞起的中国瓷器”。

海捞瓷和我国古代的外销瓷虽然有相当密切的关系，但是，不能把海捞瓷完全等同于外销瓷。在我国古代近岸的沿海航线上，也行驶着不少国内的船只，它们载负的货物中，完全可能有不少瓷器，在这样的沉船中发现的古代瓷器，就不应该是外销瓷。在指出这样的事实后，本书的讨论还是集中在海底的外销瓷器上，这是因为，远洋航行的船只失事的概率要比近海航行的船只大得多，同时，远洋航行的船只所载的货物中，瓷器的比例也大得多，所以绝大多数的海捞瓷都是从远洋航行的船只上打捞起来的。

要了解我国古代海捞瓷器的概貌，首先应该了解我国古代瓷器的外销情况。

我国瓷器的外销有着久远的历史。

我国古代瓷器贸易的线路主要有北方的丝绸之路和南方的海上丝绸之路。在唐以前，我国瓷器的输出，主要选择的北方丝绸之路，这不仅因为汉唐疆域的辽阔，更是因为当时的航海技术的水平还不能适应大规模瓷器出口的需要。到了宋代，这两个因素都有了变化，瓷器通过海上运输大规模出口，已经成为历史的真实。南方丝绸之路成为宋代对外贸易的主要通道。

我们主要讨论南方的海上丝绸之路，因为它是大多数海捞瓷的出水之处。

海上丝绸之路，也被称为海上陶瓷之路，它最早由日本学者三上次男在《陶瓷之路》一书中所命名。在研究我国海上贸易的出口地和出口商品后，三上次男先生认为，这条中国的海上贸易线路，应该称之为“陶瓷之路”更

为恰当。[1]

本书不是一本经济史或对外贸易史的著作，冗长的陶瓷出口史的论述将会使读者感到厌倦，但是，适当了解一下我国陶瓷出口的概貌，对于我们了解海捞瓷的年代、数量和品种有着很大的帮助。实际上，在我们这个星球的洋面之下，有着一部相当完整的中国陶瓷史，或者说是中国瓷器史。

早在汉代，我国就开始了和东南亚、印度等地的海上贸易。《汉书·地理志》就记载了我国从徐浦合浦至印度的航线，这条航线沿中南半岛过马六甲海峡到达印度，这就说明，当时我国陶瓷的输出极有可能已经开始，而出土记载更是说明了那时已经出现了陶瓷贸易。据M.苏尔宛先生研究，“哥打丁宜（Kota Tinggi）、旧柔佛（JohorLama）及其他地方，大量出土印纹陶器，颇似福建林惠祥发现的新石器时代陶器，说明了中国汉朝就开始出口陶器，到东南亚销售”。[2]在印度尼西亚的三发地区，曾经出土了汉代初期的薄釉瓷龙勺一件。[3]东南亚各地发现的这些我国汉代的出口陶瓷，对于陶瓷史、海上交通史和世界贸易史的研究有着极大的帮助，而从陶瓷本身的投资价值而言，却很难引起艺术品投资商的兴趣。

唐代是我国历史上一个辉煌的时代，唐代的经济、文化和艺术在当时的世界上居于领先地位，唐代的陶瓷出口也在情理之中，但是，由于唐代的税赋收入主要还是依靠农业税赋，而海外贸易在政府财政中所占的比例一直较低，所以陶瓷的大规模出口还没有形成气候。尽管如此，从海外已经打捞出水的唐代陶瓷，也足以震撼世界陶瓷界。在已经打捞出水的唐代黑石号沉船上，发现了六万多件中国唐代的瓷器，其中几件唐代的青花瓷器引起了国内外好几家博物馆的竞相争购，最终花落新加坡亚洲文明博物馆。

宋代是我国海上贸易的繁盛时期，也是陶瓷之路形成和蓬勃发展的时期。宋代海上贸易的繁荣，特别是陶瓷的输出，和以下因素有关。

首先，宋代疆域不及西域，大大限制了北方丝绸之路的贸易，使得海上陶瓷之路成为宋代出口商品的主要通道。

其次，宋代经济重心向东南沿海地区的转移，大量市民阶层的出现，使得商品的消费结构出现了很大的变化，商品供求和输出的需求，促进了海上贸易的发展。

第三，海外贸易的发展不仅增加了政府的财政收入，促进了政府管理海外贸易机构的诞生和成熟，反过来，它又大大促进了海外贸易的发展。

第四，宋代航海技术的发展，如水密隔舱新技术的出现增加了船舶抗风抗沉的能力，使得对外贸易的风险率大为降低。

第五，无与伦比的宋代制瓷技术，在陶瓷商品的质量和数量上保证了出口陶瓷在海外市场上的绝对占有率。

鉴于以上原因，在宋代，瓷器已经代替丝绸成为我国最主要的出口商品。我国宋代瓷器的海上贸易主要输往朝鲜半岛、日本、东南亚、南亚、西亚，甚至非洲海岸。而海上贸易的瓷器数量是惊人的。三上次男先生在介绍宋代向日本的瓷器输出时说："10世纪至12世纪，泉州有许多商船运载中国陶瓷器东渡日本，发现最集中的是镰仓，在这里采集到的中国陶瓷器有五万余件。日本九州福岗修地铁时出土中国陶瓷片有十万片之多。"④而在马来西亚的沙捞越地区，当地的博物馆十几年来发掘所得的中国瓷片多达一百多万片，其中很大一部分是宋代瓷片。⑤而在非洲埃及的福斯塔特遗址出土的中国瓷器有两万片之多。⑥

图1-2 龙泉市宋代龙窑遗址

在宋代瓷器出口的主要基地福建德化地区，当时就有制瓷工人6万名左右，加上家属和辅助人员，陶瓷业的从业人员有十万之众，在一个地区就有如此庞大的产业大军在从事出口瓷的生产，可见我国瓷器对世界的影响力。而据古运泉和杨少祥等先生研究，在主要用于出口的宋代广东路瓷器中，一年的总产量可高达一亿三千万件。⑦而2007年发掘的浙江龙泉市的龙窑遗址，其规模之大，足见宋代龙泉窑瓷器的烧制数量相当惊人（图1-2），而作为宋代主要出口瓷器的龙泉窑瓷器在欧洲有相当大的影响，以至法国人把龙泉窑瓷器称之为“法拉同”。由此可见，我国宋代通过海上出口的瓷器，地域之广、数量之多，实在难以统计，这个天文数字的出口瓷器，只要有万分之一突遇风浪沉没，其数量就是数十万件。

元代的海外贸易虽然被官方垄断，但商品的出口仍然如火如荼。元代统治者充分认识贸易对国家财政的好处，由于元代疆域的广大，陆上的贸易从北京可以直达巴格达，而海上的贸易也可以从福建的泉州到达波斯湾地区。现在保存于土耳其博物馆和伊朗博物馆的元青花瓷器，就是那时运抵西亚的。这些元青花瓷器的器型和纹饰，显然是适应阿拉伯或波斯地区社会生活的需要而当地也仿制了类似的青花瓷器（图1-3）。现在我国收藏界和文博界争论不休的元青花瓷器的数量问题，也许解决的最终途径是元代海捞瓷的官方发现。历史会宠信伟大复兴中的文明古国，2010年5月，中

图1-3 波斯的青花盘

国水下考古队在西沙群岛永乐环礁调查，惊喜地发现了一处元青花沉船遗址，出水了180件珍贵的元青花瓷片。这是我国水下考古22年来首次发现元青花。而考古队的这次发现是根据渔民提供线索才找寻到的。遗憾的是这个遗址明显被渔民盗捞过，遗址表面散布圆形和不规则形盗坑，深约0.5米至1米左右，显然是小艇螺旋桨吹打所致，海床翻动较大，表面散落着元代德化窑瓷器、景德镇窑卵白釉瓷器和青花残片，及龙泉窑青釉瓷器。遗物分布较密集，采集到的瓷器有青花、青瓷、白瓷、酱釉等，年代有元、明两个时期。其中出水的元青花瓷片，考古队认为其风格特征与元代集宁路等遗址出土的元代青花瓷器基本一致，所以这些在西沙出水的元青花也应该是景德镇窑烧制的元青花瓷器。

出水的实物佐证了元青花已经是海上丝绸之路的重要出口商品，下面的公文也可见元人对海外贸易的态度，“至元三十年八月二十五日，福建行省准中书省咨，至元二十八年八月二十六日奏过事内一件：南人燕参政说，有市舶司的勾当，很是国家大得济的勾当……咱每这田地里无用的伞、摩合罗、磁器家事、帘子，这般与了，博换他每中用的物件来……”⑧而元人汪大渊也在《岛夷志略》中详细记载了我国陶瓷外销至琉球、爪哇和天竺等地的情况。

由此可见，那种认为元代瓷器的外销和青花瓷器的生产规模不大的观点，既不符合文献记载，也不符合出水的记录，更不符合土耳其和伊朗存世的元青花瓷器的现状。可以期待的是，随着我国水下考古事业的发展壮大，一定会有更多的元青花瓷器出水，从而一劳永逸地解决元青花之谜。

明代对海洋的感情是复杂的。尽管至今不能完全解释永乐皇帝命令郑和下西洋的真实目的，但是郑和七下西洋的壮举，在人类征服海洋的历史上写下了浓重的一笔。当看到现在保存于湖北省博物馆的郑和从西洋带回的一件金锭（图1-4），上面的铭文为“永乐十七年四月　日西洋等处买到八成

图1-4　郑和金锭

色金壹锭五十两重”，就可以知道明初对外贸易的规模和成就。遗憾的是，郑和下西洋的壮举，没有演变成实实在在的商业活动或者开疆拓土的军事行动，使得中国货物的输出还不能成为有组织的官方行动。这样，明代首都的北迁和倭寇的骚扰使得明代中后期的海上贸易受到相当的影响，但是，海上贸易的巨大利润诱惑一直刺激着民间瓷器的出口，官方的禁止或开放，使得这种贸易或者以合法的方式或者以走私的方式连绵不断地进行着，其规模之大，使得日本市场、东南亚市场和欧洲市场充斥着中国的瓷器（图1-5），下面的记载可见这种官方和民间贸易的盛况。

据《明史》记载：

1374年（洪武七年）始以陶器送给琉球国，还以7万件和他们贸易。

1417年（永乐十五年），明朝遣使到阿拉伯，送给他们王公大臣以鹰花绫、文锦和瓷器。

1524年（嘉靖三年），帝朱厚聪酌量送给波斯失刺思部瓷器等物。

这是官方的赏赐记载，而民间的贸易数量更是惊人。

成立于1602年的荷兰东印度公司，1610年装走9227件瓷器，1612年运走38641件瓷器，1636年六只商船装走259380件瓷器，1637年装走21万件，1639年装走件数达到366000件。统计从1602年到1657年，运往荷兰瓷器的总量，约在300万件

图1-5　16世纪青花缠枝番莲纹执壶

图1-6 外销的明万历景德镇窑青花龙凤纹环耳瓶

以上（图1-6）。

这仅仅是东印度公司运往荷兰一国的中国瓷器数量，再来看看日本和我国的瓷器贸易，仅举一例就可以知道出口的数量。1635年8月下半月，从我国台湾装运了四船瓷器到日本，数量有135005件之多。

由此可见，在明代，瓷器已经成为我国对外贸易的主要出口商品。

17世纪是中国陶瓷出口的鼎盛时期，每年输往欧洲的中国瓷器至少有300万件之多，在明末清初，瓷器的输出形成了一个U形的曲线，从明代晚期的高潮，明清之际的低谷，再至清初的大量输出，使中国瓷器在欧洲市场上声誉雀起。据T.佛尔克先生所著的《瓷器与荷兰东印度公司》一书所载，“从1602年至1682年，在这短短的80年里，我国瓷器的输出量竟达1600万件以上”⑨。当然，进行中国陶瓷出口贸易的不止荷兰东印度公司一家，因此，17世纪中国陶瓷出口的数量应该是个天文数字。

现在，许多人都会津津乐道清代的康、雍、乾盛世，其实，这个入主中原的满族皇室，却缺乏世界性的战略眼光，康熙二十三年后的长期海禁，不仅制止了对外贸易的发展，更使我国封建的社会形态得以苟延残喘，只等鸦片战争的大炮来轰开中国的大门，才使海外贸易在被动的情况下开展。实际上，清初我国瓷器的海外贸易有着一个很好的势头（图1-7），这不仅从出水的清初瓷器可以证实这种民间的瓷器贸易，也可以从上海博物馆举办的荷兰收藏家倪汉克先生捐赠的外销瓷器展上得到证实，他所捐赠的96件明清外销瓷中，康熙青花瓷器就占一半左右。由于各种历史原因，这种势头被中断了，虽然民间的瓷器贸易还在悄悄地进行，但已经不能成为我国对外贸易的主流，这种情况不仅减少了清廷的财政收入，也阻止了我国的对外交

图1-7
约1760-1765年间中国青花花卉树石纹碟青花字母标记款，荷兰格罗宁博物馆捐赠

图1-8　19世纪中叶外销泰国的青花出猎图壶大清康熙年制款，罗桂祥博士捐赠

流，使我国丧失了一个追赶世界先进潮流的时机。清代中晚期，被迫开放的我国对外贸易，虽然还有着大量瓷器的出口（图1-8），但作为我国主要出口商品的瓷器的制造技术已经外泄，我国瓷器生产也已经走入下坡路，所以，中国瓷器独占世界市场的局面已经一去不复返了。

简单回顾我国瓷器的外销历史，就可以明白，从汉至清，我国有数次陶瓷外销的高潮，当中华文明以陶瓷为载体，冲击着西方社会的生活习俗和审美取向时，变化无常的波塞冬却经常吞噬着这些人类文明的结晶，我国外销的陶瓷以数十亿计，在航行于我国南海、黄海、印度洋、太平洋甚至大西洋的古代船舶，只要有万分之一因战争或自然的因素沉没海底，累计的数量就十分惊人。所以说，海底的陶瓷不仅会出现我们没有发现过的古代陶瓷器皿和古代陶瓷品种，还可能发现人类社会的许多难解之谜，它们的发现，完全可能改写中国陶瓷史，使中国陶瓷史更为全面更为完整，也有可能为人类文明的历史增添新的篇章。

---

①三上次男著、李锡经等译：《陶瓷之路》，文物出版社1984年版。

②M.苏尔宛原作，傅振伦译：《中国古陶瓷论丛·东南亚出土的中国外销瓷器》，中国广播电视出版社1994年版。

③张野波：《遗留南洋之中国古代瓷器》，Mutual Leisure S/B(577596-T)。

④《宋元时期泉州港的陶瓷输出》，载《海交史研究》1984年。

⑤中国硅酸盐学会：《中国陶瓷史》。

⑥秦大树：《埃及福斯塔特遗址中发现的中国陶瓷》，载《海交史研究》1993年第1期。

⑦黄纯艳：《宋代海外贸易》，社会科学文献出版社2003年版。

⑧熊廖、熊微：《中国陶瓷古籍集成》，上海文化出版社2006年版。

⑨陈万里：《陈万里陶瓷研究与鉴定》，紫禁城出版社2008年版。

二　著名的古代沉船

在工业时代以前的海上交通，人类尽管已经横跨大洋，沟通起各大洲的联系，但是，遇到风暴，或者不熟悉航路而触礁，或者被海盗袭击和战争的破坏，或者自己的疏忽，都会使船舶丧身海底。在地球的大洋底下，究竟有多少艘沉船，恐怕永远是个谜！据甘雪莉先生在《中国外销瓷》一书中记载：“全球的海底到处可见沉船，其中至少有40艘西班牙对华贸易的帆船。”①

在中国水域，就发现有著名的“碗礁一号”和“南海一号”沉船，在中国的邻国，也都发现了不少载有中国瓷器的沉船，其装载的瓷器往往数以万计。仅以越南为例，就有数例数十万件瓷器被打捞出水。1990—1992年被发现和打捞的“头顿”沉船，就发现中国景德镇、汕头、德化窑生产的中国外销瓷器六万件（套）；1998—1999年打捞的金瓯沉船，也出水了既有中国传统风格又有欧洲风格的中国清代瓷器五万多件，其中有的青花瓷器落有“大清雍正年制”款。另外，在此期间发现和打捞的“建江”沉船和“占婆岛”沉船，也都发现了中国以及越南、泰国的瓷器。②

数量巨大的海底沉船，只有极少数被打捞上来，古代的来往中国和世界各地的沉船，一旦被打捞上来，就成为一个轰动的新闻，会引起世界陶瓷界、文博界和拍卖行业的密切关注。这是因为，陶瓷不仅是中国古代主要的出口商品，是古代商人牟取巨额利润的一种商品，而且还是远洋航船的理想压仓物，所以只要发现来往于中国航线的沉船，一般都会发现大量中国古代的瓷器，也会给发现者带来巨大的声望和经济收益。

后面我们介绍的沉船，是每个希望了解海捞瓷的收藏者都应该知道的。它们对我们认识中国古代陶瓷的生产年代、窑址、品种、器型和釉色，都会有极大的帮助。海底沉船，隐藏着一部完整的陶瓷贸易史，记载着一部完整的中国陶瓷史，这是一个巨大的文化宝库，需要人类的高度重视。了解这些沉船的年代和装载的陶瓷，对于我们重新认识中国陶瓷，有事半功倍的效果，这是一部实物写就的中国古代陶瓷史。

1.“哥德堡号”

瑞典的“哥德堡号”也许是中国人最为熟悉的一艘古代沉船了（图2-1），因为，一艘复制的命名为“哥德堡3号”的瑞典仿古船在2005年10月2日早晨，正式远航中国。中国中央电视台《探索·发现》栏目的两位记者随船采访。2006年7月10日—17日，记录新“哥德堡号”远航的大型纪录片《追逐太阳的航程》在中央电视台《探索·发现》栏目热播，受到中国观众的欢迎。

2006年7月18日上午，“哥德堡号”胜利抵达广州港，受到中国人民的热烈欢迎。中午，“哥德堡号”顺利停靠广州南沙客运港，人们欢庆“哥德堡号”和瑞典国王王后的到访。

图2-1 仿古的哥德堡号

2006年7月21日下午，“哥德堡号”驶入广州内河，广州市民在州头咀江面举行了龙舟欢迎仪式，晚上又举办了名为“哥德堡号—广州之夜”的盛大焰火晚会。在访问广州期间，瑞典国王将1906年从瑞典沉船“‘哥德堡号’打捞出水的乾隆时期完整的青花斗鸡图盘（图2-2），作为国礼赠送给当时的广州市市长张广宁先生，张市长随即将这件两百多年后重还故土的青花瓷盘转赠给广州博物馆。

图2-2 青花斗鸡图盘

2006年8—12月：“哥德堡号”访问中国上海，停靠在黄浦江边，和上海人民交流。

2006年12月—2007年1月：“哥德堡号”访问中国香港和澳门。

在中国停留的半年，中国人民对这艘仿制的瑞典古代船舶产生了一种特殊的情感。让我们来了解一下几个世纪前的瑞典商船“哥德堡号”。

“哥德堡1号”瑞典商船是18世纪来中国进行贸易的。

1745年1月11日，“哥德堡1号”从广州启程回国，船上装载着大约700吨的中国物品，包括茶叶、瓷器、丝绸和藤器。当时这批货物如果能够顺利运到哥德堡市的市场上拍卖的话，估计价值在2.5亿至2.7亿瑞典银币之间。8个月后，“哥德堡1号”在航行回到离哥德堡港大约900米的海面时，突然船头触礁沉没，正在岸上等待“哥德堡1号”凯旋的人们眼巴巴地看着船沉到海里，幸好事故中没有人员伤亡。从沉船上捞起了30吨茶叶、80匹丝绸和大量瓷器，在市场上拍卖后竟然足够支付“哥德堡1号”这次广州之旅的全部成本，而且还能够获利14%。后来，瑞典的东印度公司又建造了“哥德堡2号”继续开展至中国的贸易。

从随船来访的打捞出水的青花瓷器（图2-3）上可以看出，18世纪中国

图2-3 “哥德堡号”上的青花瓷器

的出口瓷器已经和克拉克瓷有了明显的变化。青花盘不再是宽边，也失去了盛行的开光图案，其釉面比克拉克瓷更为晶莹。

2.“黑石号”

这是一艘著名的阿拉伯沉船，它沉没在印尼勿里洞岛海域。因为在出水的长沙窑瓷碗中有“唐代宝历二年”（826年）的年号，宝历为唐敬宗的年号，所以沉船的年代被确认为9世纪上半叶。

打捞时，“黑石号”的船体基本保存完整，是目前世界上发现的最早的阿拉伯沉船，它的发现和打捞，证明了在唐代，中国和阿拉伯地区，已经存在直接的海上陶瓷贸易，这是“海上陶瓷之路”的直接证据。1998和1999年间，德国“海底探险公司”将“黑石号”打捞出水。

在这艘满载货物的阿拉伯沉船上，发现的唐代瓷器多达67000多件，船上所载的长沙窑瓷器和金银器已经引起极大的关注，而三件完好无损的唐代巩县窑烧制的青花瓷盘（图2-4）更是引起陶瓷界的轰动。

在“黑石号”出水文物的整理研究阶段，我国陶瓷界的一些知名学者曾应邀前往新加坡观摩沉船上的文物，他们拍摄的大量图片，使国内文博

界对“黑石号”出水文物有了比较全面的了解。

从2002年开始，我国的上海博物馆、湖南博物馆、扬州博物馆等都提出了购买意向，而新加坡、卡塔尔、日本等国的博物馆也表达了购买的意愿。但是，打捞方提出“必须整体购买”的标的，并开出4000万美元的高价，当时折合人民币3亿元，不知什么原因，我国的博物馆在此数字面前居然都失去了话语权。此时，新加坡的“圣淘沙”机构抢先购买了打捞文物的展览权，随后筹措3000余万美元全部购得这批出水文物，2005年所有出水的“黑石号”文物分批完整落户新加坡。

图2-4　唐代青花盘

在“黑石号”打捞出水的陶瓷中，长沙窑瓷器有56500多件，使国内陶瓷界对长沙窑瓷器的产量、款式、器形、纹饰和市场有了新的认识。这批长沙窑瓷器中，以碗为主，其次为执壶，其他有杯、盘、盂、盒、罐、熏炉、油灯和少量生肖瓷塑。瓷器上的款明确记载了瓷器的用途和生产商，这些“款”不仅为当代人对唐代瓷器的研究提供了可靠的实物依据，更使我们对瓷器上写款的认识大大提前。比如，有的碗中写有“茶盏子”，说明了茶具的用途，有的瓷碗写有“湖南道草市石渚盂子有名樊家记”的款识，说明产品来自长沙窑。这种带有广告性质的款记，为我们认识元代瓷器上的“张家造”、“陈家造”提供了借鉴。在唐代就出现了在陶瓷上写明生产厂家的款识，那么，在唐之后的宋代、元代和明代，也完全可能在陶瓷上出现类似的款识。而大量的花叶、莲蓬、飞鸟、摩羯鱼纹，这些带有阿拉伯风格的图案，充分说明了长沙窑为适应外销市场而作的变化，这种变化巩固了长沙窑外销窑场的地位。

如果“黑石号”出水的瓷器能够留存国内，它对我们认识唐代瓷器，以及认识我国陶瓷款记、纹饰和器型的演变有着不可估量的作用。现在中国学者只能到新加坡观赏这些瓷器，或者在两国之间的文化交流中看到部分展品。

3.“碗礁一号”

这是2005年6月被我国福建省渔民在平潭碗礁附近捕鱼时意外发现的一条清朝康熙年间的沉船，同年的7月6日，国家文物局批准对沉船进行抢救性发掘，并命名为“碗礁一号”。类似由渔民首先发现的古代沉船，在中国海域内绝不会是“碗礁一号”一条船，这也是各地古玩市场充斥着海捞瓷

图2-5　考古出水的“碗礁一号”康熙瓷盘（残）

的原因。在类似沉船上出水的古代瓷器，绝大多数都是一般的日常用瓷，因而也不太会引起太大的反响，但这些都是货真价实的古代瓷器，所以往往会引起收藏者的追捧（图2-5）。笔者至所以选这样一件瓷盘，主要是它的颜色和习惯上看到的康熙瓷器有很大的不同，接近晚清的洋蓝颜色，很容易被见识不广的人误为赝品。

“碗礁一号”沉船以及被打捞出水的瓷器能告诉我们什么呢？

水下沉船的打捞，不在于沉船上的财富，而在于沉船可以还原历史，在于沉船上的器物的历史价值和文化价值，这是水下考古和艺术品投资的根本不同。沉船和沉船上的器物，可以相互印证它们所处的时代信息。在驶往欧美地区的沉船，往往有详细的航海记录和商品货物的清单，凭着这些记录和清单，就能判定船上陶瓷的年代；反过来，凭着沉船上陶瓷的器型、纹饰，特别是陶瓷上的款识，也很容易判定沉船的年代。当沉船和沉船上的货物被一起发现时，几乎没有造假的可能，尤其是深水中的沉船。只有陶瓷和沉船分开出现时，才有可能怀疑陶瓷的真实性。

“碗礁一号”就是因为船上装载着康熙时期的瓷器而被认定为清代早期的沉船。

还原“碗礁一号”的历史，能使我们了解什么呢？

“碗礁一号”的沉没地点和出水的15000件文物，隐涵着丰富的历史信息。

首先，这是一艘运载外销瓷器的船舶。因为船上发现了许多带盖的高足杯和精美的咖啡具，这些器型具有明显的异国情调。另外，一些精致的造型各异的小瓷瓶，只能是西方餐桌上的装饰用具。即使在一些中国传统的器型上，也出现了典型的克拉克纹饰，如前文所述，克拉克瓷是典型的外销瓷器。

其次，“碗礁一号”的沉没地点说明了，福建平潭附近有中国清代贸易港口，是福州还是泉州抑或两者都是，还有待于证实。

第三，这艘船沉没的原因是触礁。所谓“碗礁”，就是平潭海域一些碗状暗礁，这里的风浪和海流往往会使过往的船只因触礁而沉没。

第四，出水的瓷器多数是青花瓷器，也有不少五彩瓷器。青花瓷从其胎釉、发色来看，应该是景德镇窑的产品。而五彩瓷，因是低温烧制的釉上彩，所以出水后，表面多有剥落，这种自然剥落，将成为鉴定海捞瓷的一个重要特征。

第五，出水的康熙瓷器，表面晶莹光亮，打破了习惯所述的古代瓷器关于表面光泽的描述，这样的光泽，很有可能被某些人认作“贼光”。

第六，出现了简化字，这也使一些墨守成规的“鉴定家”感到不可思议。

“碗礁一号”的出水对中国文博界的冲击是巨大的。它使我们对清代早期瓷器有了新的认识，对清代早期瓷器的釉色、光泽、纹饰和器型，都应该重新作出新的判断，否则，极有可能将真东西说成假东西。

2005年10月23日，中国博物馆水下考古研究中心的馆员李滨在北京潘家园古玩市场上看到了一种康熙中期青花大瓷盘，直径超过40厘米，标价8万元人民币，这就是他们刚刚发掘过的沉船上的文物。这样的东西已经出现在古玩市场上，是让外国人买去呢还是让中国人收藏呢？让外国人买去，或许若干年后我们又要花大价钱从海外抢购“国宝”，要知道这件瓷盘的年份比圆明园的兽头要悠久。给中国人买去，若干年后，我们还要为这件瓷盘的真伪争论不休，谁叫它的出身如此不正呢！

4.“南海一号”

在广东阳江市海陵岛十里银滩上，有一座五个不规则的大小椭圆体连环相扣组成的博物馆，这就是“海上丝绸之路博物馆”。被整体打捞上岸的我国宋代沉船“南海一号”，就在里面的椭圆形的海水环境密闭展厅——水晶宫中展出，而相关的文物整理也在可以探视的环境中进行。这样的整理和展出可谓世界文物保护史上的奇迹。

“南海一号”是一艘宋代木质尖底船，它全部装载的文物约有60000件，其中已经发掘整理了金、银、铜、铁、瓷类文物4000多件。与“碗礁一

图2-6　“南海一号”出水的宋代青白釉瓷器

号”的陶瓷器相比，“南海一号”的文物年代更久、窑口更多，它所承载的历史信息也就更被考古学者所重视。

“南海一号”现已出水2000多件完整瓷器，品种超过30种。这些瓷器窑口众多，有福建的德化窑白瓷、河北的磁州窑的瓷器、江西的景德镇窑的影青瓷和浙江的龙泉窑的青瓷等宋代的著名窑口瓷器（图2-6），其中许多都是可以评为国家一级或二级文物的陶瓷精品。特别可贵的是，出水瓷器中不少带有明显的异域风格，显然这些是宋代接受海外订货“来样加工”的产品。当我国在改革开放初期，还在为外贸的形式争论不休时，我们的祖先早在数百年前就已经接受“来样加工”这种外贸形式了。

作为一本研究海捞瓷的著作，笔者当然用比较大的篇幅关注瓷器，但是，这样做很可能造成错觉。因为，“南海一号”的价值虽然在于它所承载的文物，在于被打捞出水的瓷器，然而，“南海一号”的价值更在于它本身，在于它整体的文物价值。“南海一号”对于研究海上陶瓷之路、研究我国的陶瓷史、研究我国宋代的社会生活，研究我国宋代的造船技术、研究我国的对外贸易史和研究我国宋代的对外交往史都具有十分重要的意义。

当“南海一号”的瓷器全部整理完毕，我们对宋代瓷器的认识，必然会达到一个新的高度。

5.“华光礁一号”

作为一个最新建省的海南岛，最新建馆的省级博物馆，有一艘西沙出水的“华光礁一号”沉船，足以让兄弟省市的博物馆眼馋了。

八百多年前，一艘满载陶瓷、丝绸、香料的中国商船沿“海上丝绸之路”南下，在距离海南岛180多海里的西沙永乐群岛南部触礁沉没，这就是西沙“华光礁一号”沉船。这艘沉船的出水，不仅证明了早在宋代我国远洋航行的能力，证明了中国人最早经营海南和西沙群岛，也证明了中华优秀文明对异域的影响。

511块船模板和一万多件文物，从瓷器到铁器安家在海南省博物馆，使得海南省博物馆成为我国海捞瓷研究的重镇。在已经对这些瓷器的釉色和器形的研究来看，它们主要产自福建地区的窑口。

在“华光礁一号”出水的海捞瓷中，最有趣的是出水了上千件南宋粉盒（图2-7）。粉盒是古代妇女存放脂粉的化妆盒，一般置于较大的妆奁内。在战国时期，我国妇女就开始使用妆粉，不同材质的粉盒也就应运而生，到唐代粉盒已经十分流行，而宋代市民阶层的兴起，更使这类梳妆用具成为闺房中不可或缺的日常用品，而“华光礁一号”大量粉盒的出水，说明我

图2-7　南宋粉盒

国妇女爱美的习俗已经影响海外，成为当时重要的出口商品，这种风俗的潜移默化的影响，说明文明的传承是能够克服距离和海洋的阻隔。

这些粉盒图案富于变化，有折枝牡丹、莲花、六星花卉、七星花卉、团花、菊瓣、莲蓬、针叶纹等，其中以折枝花卉为多，折枝花卉这种陶瓷装饰纹样，流行于宋，延续至清，一般装饰在盒、碗等器物上，是一种适用性较强的主体纹饰。这些粉盒里外都施青白釉，釉色白中泛青，釉面呈冰裂纹，更为粉盒增添一种天然的美感。研究显示，这些粉盒都是福建境内的德化窑烧于南宋年间的产品。

千件粉盒显示的是文明的传播，海捞瓷不断的出水，会告诉我们更多文明传播和迁徙的信息。

6.“新安沉船”

1975年5月，韩国渔民在新安外方海域偶然打捞中发现了大量中国青瓷，从而发现了元代的“新安沉船”。1976年至1984年，韩国考古界对这艘沉船进行了发掘，并最终把它打捞上岸。在这条元代中国的沉船上，总共发掘出了两万多件青瓷和白瓷，两千多件金属制品、石制品和紫檀木，以及800万件重达28吨的中国铜钱，目前韩国在木浦建立了博物馆展出新安沉船及其文物。

为什么说这是一条元代的沉船呢？这从所出水的瓷器的胎釉、器型和纹饰上可以做出判断，更可以从船上出水的铜权上的铭文可以判断。元代流行铜权，铜权上往往铸有铭文，“新安沉船”上铜权的铭文为“庆元路”字样，这是元代对宁波地区的称谓。同时，更为可靠的是，在一块木牌上还保留着“至治叁年”（1323年）的墨迹，，所以说，“新安沉船”是一条元代早期的船舶。

在“新安沉船”上有元代的一万多件瓷器，其中绝大多数是浙江龙泉窑的产品。这批瓷器不仅数量大，质量也高，堪称元瓷的精品，保存状况又非常完整。其中一件为宁波“使司帅府公用”款龙泉青瓷盘，说明了这是一件元代官窑的瓷器，它对研究元代官制和地方志都有很大的帮助。另外浙江金华铁店窑的器物，江西赣州七里镇窑的瓷器，都使我国元代外销瓷的窑口，有了新的扩充。这也说明了元代外销瓷的规模，出口瓷器的窑口已经遍及东南沿海。可惜的是，这件沉船上没有发现元代的青花瓷器，否则，对于国内关于元青花的争论一定有所帮助。

2003年10月，宁波的“海外寻珍团”一行来到了韩国新安郡木浦市的国立海洋遗物展览馆，考察这条被韩国考古工作者从海底发掘出的元代沉船遗物。当这些贵宾被数百年前的沉船上的遗物深深吸引时，他们一定感叹我们祖先的伟大。在地球的海洋之下，有多少宝物还在等待我们去打捞和发掘呢？

本书不可能把更多的打捞出水的沉船一一介绍，一些海外打捞出水的载有中国古代文物的沉船，曾经引起一次又一次轰动，但愿我国的海上打捞队伍能更多地担负起抢救水下文物的重担，让祖先留给我们的宝贝重现于世。

总之，海捞瓷，它是中华文明的物质载体，它所记载的中国文化和历史的信息，还有待于我们去探索和研究。当一批又一批海捞瓷出现在古玩市场上时，不是一句简单的盗卖文物就可以聊以自慰的！我们应该让更多的人去了解海捞瓷，去识别海捞瓷，由此去认识我们还尚未全盘认识的中国陶瓷史，耿宝昌先生说得多好啊：“搞了一辈子的瓷器研究，却从未见过如此多的瓷类珍宝，很多连听都没听说过！”

这就是海捞瓷！这就是我们必须重视的海捞瓷。

①甘雪莉：《中国外销瓷》，东方出版中心2008年版。

②中国广西壮族自治区博物馆、中国广西文物考古研究所、越南国家历史博物馆：《越南出水陶瓷·海上丝绸之路遗珍》，科学出版社2009年版。

三 海捞瓷的分类

简单回顾了中国外销瓷的历史和已经发现的著名沉船后，有必要了解外销瓷的分类。这里所说的海捞外销瓷的分类，不是指海捞瓷的品种和器型，而是指海捞瓷当时输出时的性质，即海捞出水的瓷器究竟是作为商品输出，还是作为礼品输出，从而沉没海底的。前者是商品瓷，多数是民窑的产品，后者作为礼品输出的是礼品瓷，都是官窑的产品，往往也被称为赏赐瓷。

海捞的外销商品瓷又可以分为三类：一类是原产中国，由中国人设计制作的商品瓷，也就是中国的传统瓷器；另一类是按进口所在地区的需要，由进口方设计器型和图案纹饰，在中国生产制作的商品瓷，也被称为来样加工瓷，或订样瓷；第三类比较特殊，它是早期市场经济的产物，也是中外文化交流的成果，它是根据出口需要而由我国窑场生产的仿制外国纹饰和器型的中国瓷器，特别是仿制日本的瓷器，所以被称之为仿制瓷。

由此可见，海捞瓷可以分为两大类四个小类的瓷器，即商品瓷（传统瓷、订样瓷和仿制瓷）和赏赐瓷。这里不包括国外水域沉船中发现打捞的中华文化区制作的瓷器，如高丽瓷、日本瓷、越南瓷和泰国瓷等。

下面先介绍海捞的商品瓷，即传统瓷、来样加工瓷（订样瓷）和仿制瓷这三种外销时沉没又被打捞出水的瓷器。

1.商品瓷

商品瓷，顾名思义，就是我国古代作为商品出售的外销瓷器，它是外销瓷中数量最多的一类瓷器，也是海捞瓷中数量最多的一类瓷器。

在中华文化圈的日本、越南和朝鲜等地，很早就有贸易往来，也早就使用中国生产的陶瓷。而在东南亚、中东和欧美地区，由于接触中国瓷器比较晚，使用中国瓷器也比较晚，一旦接触到中国陶瓷后，这些国家和地区的人士也会被中国瓷器所吸引，中国瓷器的使用成为上流社会和身份的象征，并且一定程度上还影响了当地的生活习俗。

据记载，东南亚一些国家在中国陶瓷传入以前，多以植物叶子为食器。宋代瓷器输入后，当地才改变过去的饮食习俗，用上了精美实用的中国瓷器。如今在东南亚各国的博物馆中，都陈列着不少原产中国的历代瓷器。

中东和欧美地区在接触中国瓷器后，也被中国瓷器的晶莹、美观和耐用所折服，中国瓷器不仅成为上流社会珍贵的餐具，也是上流社会珍贵的装饰用具，许多贵族家庭以中国瓷器作为房屋的装饰，中国瓷器成为上流社会身份和地位的象征，这一传统，在欧洲地区延续了几百年。直到欧洲各国的东印度公司相续成立，大量中国瓷器的输入，才使这一传统扩散到欧洲的民间，成为大众的嗜好。

欧洲贵族对中国瓷器的痴迷，使得中国瓷器在欧洲的销量大增。一些贵族家庭往往是整箱整箱的购买中国瓷器，以至地窖中放置的中国瓷器，数百年后，成为一些家道中落的贵族家庭的一笔宝贵财富，每当圣诞来临，这些贵族后裔都会拿出一些中国瓷器送到拍卖公司，以充实过节的开销。

认识中国古代出口的商品瓷，就有可能在欧洲一些拍卖公司特别是古玩市场中捡漏买到这些年代久远的中国古代瓷器。

(1) 传统瓷

中国古代外销瓷器中的传统瓷，就是完全由中国古代陶瓷艺人制作的

陶瓷制品，它的器型、纹饰和装饰完全是传统的中国风格，开始时不带一丝一毫的异国风味。无论是“黑石号”沉船上的唐代青花瓷器（见图2-4），还是“南海一号”上的宋代瓷器（图3-1），以及香港艺术市场上的出水清代瓷器（图3-2），都为中国传统的器型和纹饰。

图3-1　“南海一号”上的宋代瓷器

传统瓷是出水数量最多的一种海捞瓷。

随着中外文化交流的频繁，中国古代陶瓷艺人在自己制作的出口陶瓷制品中，逐渐在装饰风格上增添了不少外国文化的元素，但是，这种风格的转变，不是因国外定货的需要或者国外的来样而被动地改变的，而完全是由中国古代陶瓷艺人主动做出的艺术抉择，所以，我们还是不把这类陶瓷制品归类为来样加工瓷，或者订样瓷，更不是所谓的仿制瓷。据此，克拉克瓷这种外销的商品瓷，就不应该归类于订样瓷或仿制瓷，还应该归类于传统的商品瓷（图3-3）。

图3-2　香港市场上的海捞瓷

只有在器型和纹饰的变化上，完全取决于国外订样的需要，使得中国制作和生产的瓷器，区别于我国传统的纹饰或器型时，它才变成了另

图3-3　明万历青花克拉克大盘，杭州官窑博物馆

图3-4　来样的外销瓷器型

一类商品瓷，即订样瓷。订样瓷有按来样的器型生产的，如图3-4的特殊器型所示的外销瓷，它是适应欧洲贵族盥洗需要的特殊用具；也有按来样的纹饰生产的外销瓷，如图3-5所示的绘有欧洲帆船图样的青花外销瓷盘。

而仿制瓷，则更是中外陶瓷文化相互影响的产物，中国仿制的国外瓷器，多数为仿制日本的瓷器，如图3-6清中期青花花鸟纹透雕盘，就是一件仿制日本江户时期锅岛烧的作品。在中华文化圈影响下的日本，早就大量输入了中国的瓷器，在吸收中国陶瓷文化的同时，日本陶瓷艺人也进行了自己的再创作，并在中国国内发生战乱的时候，这种日本瓷器，以自己特有的器型和纹饰，占领了相当部分中国瓷器的国外市场。应该说，日本瓷器的这种创

图3-5　清代按外商要求绘制的青花图案

图3-6　清中期青花花鸟纹透雕盘

新，对世界陶瓷艺术的发展和中国陶瓷的发展，都起到了十分有益的促进作用。中国国内的局势一旦稳定，陶瓷生产就会恢复并迅速发展，当中国国内的陶瓷生产者发现日本瓷器在东南亚及至欧洲地区的畅销情况后，仿制也就是成为必然的事情了。而中国陶瓷生产者对日本陶瓷的仿制，往往比日本陶瓷更为成功，市场又会迅速被中国生产的陶瓷所占领。

所以说，传统瓷、订样瓷和仿制瓷，三种海捞的商品瓷是既有区别更有联系，是不能完全分割的中外文化交流和融合的产物。

（2）订样瓷

订样瓷，就是根据来样的要求而加工生产的中国瓷器，它完全用于外销。订样瓷是否像现代社会的外贸产品一样，也有部分出口返销，就不得而知了。从国内现有资料来看，从国内现存的瓷器概况来看，外销瓷在我国主要博物馆的收藏量微乎其微，很少有传世的器物，许多还是近年来出土或出水的器物，或者是对外文化交流接受捐赠的瓷器。所以，可以这样认为，我国古代瓷器的出口返销几乎不存在，其原因可能是中国瓷器的广受欢迎，外销的中国瓷器不愁没有销路。

订样瓷有根据来样的器型加工的，也有根据来样的纹饰加工的，而纹饰中，又可分成两类，有以欧洲皇室和贵族的家族纹样或徽章为主要纹饰的订样瓷，更有以西方故事题材如宗教题材或社会生活为内容的纹饰。和传统瓷相比，外销的订样瓷开始生产的年代要比外销的传统瓷的生产年代晚。

雍正十年，瑞典的“弗雷德里克号”船带了三吨多、大概是11万个西班

图3-7　乾隆年间订制的西洋餐具

牙银元①来到广州采购时，并没有自己带来瓷器图样，只是按每套十两的价格签订了中国瓷器的合同。②直到乾隆年间，外商才在广州成套订制西式餐具，整套餐具共110件，往往绘制相同的中国人物故事图案，但是它包括了西餐使用的主碟、大汤盘、大肉碟、酱汁斗、盖窝、沙律碗等各种器皿（图3-7）。由此可见，早期的外销瓷中，订样瓷的比例并不很大，所以瑞典的来华的早期船只还没有带好欧洲的器型和自己设计的图案。因此，订制瓷的年代确定，也是鉴定海捞瓷的一个重要因素，目前所知中国按外商订货要求特制的最早的一件外销瓷是葡萄牙曼诺尔一世（1469—1521）的一件青花纹章瓷执壶，它现在存放在里斯本的博物馆内。曼诺尔一世的这件订样瓷，其年代相当于中国明代的成化、弘治和正德年间，了解这件最早的订样瓷制作的年代，对于我们鉴定外销瓷和海捞瓷有很大的帮助。不能把海捞瓷的年代任意提前，特别是海捞瓷中的订样瓷，最早应该不会早于明代的成化年间。如果我们能够掌握欧洲各国最早来华的船只的明确年代，再能掌握它们带回的货物中有否订样瓷，那么我们就能给订样瓷在欧洲各国出现的年代有一个明确的谱系，这对于鉴定订样瓷有莫大的帮助。

图3-8是根据订样生产的清代奶壶等欧洲式样的外销瓷，前排的奶壶和盖杯，上面所绘的图案是典型的中国仕女亭台楼阁图案，而器型却非传统的中国器型，在国内现存的清代瓷器中，几乎找不到这种造型。很显然，这是为适应欧洲市场上当地人的生活习惯而制作的器型，它是根据客户需要来样定制的。对于这样的器型，如果不了解订样瓷的生产背景，很有可能在古玩市场

图3-8　外销的奶壶等瓷器

图3-9　西洋人造型瓷塑像

上被误判为赝造品。

图3-9则是完全的西洋人造型塑像，这是广东佛山石湾窑的产品。石湾窑是清代广东重要的陶瓷生产基地，以生产人物、动物造型最为著名。这件西洋人塑像，显然是标准的订样瓷，人物头戴礼帽，深目高鼻，肩系披风，脚穿长靴，右足踏于松毛狗上，这件典型的西洋人塑像，把清代来华贸易的欧洲人刻画得栩栩如生。

一般来说，订样瓷在国内留存较少，现在市场上时有发现的清代外销的订样瓷，多数是从国外倒流回来的器物。而在欧美各地的一些收藏家手中，这种订样瓷却是他们的主要藏品或大宗藏品。

（3）仿制瓷

仿制瓷是中外文化交流的成果。

一般来说，古代世界陶瓷的整个发展过程，都是中国陶瓷成果的对外输出，它包括陶瓷原材料的选择和筛选、制作工艺（陶瓷的成型、陶坯的晾晒，窑炉的设计、烧制的火候和温度控制），色料的选择等等。相当一个历史阶段，中国陶瓷的制作工艺一直没有外传，以至14世纪摩洛哥伟大的旅行家伊本·白图泰只能在他的著作《伊本·白图泰游记》中作些相当简单的描述：“至于中国瓷器，则只在刺桐③和隋尼克兰城制造。系取用当地山中的泥土，像烧制木炭一样燃火烧制。其法是加上一种石块，加火烧制三日，以后泼上冷水，全部化为碎土，再使其发酵，上者发酵一整月，但亦不可超过一月；次者发酵10天。瓷器价格在中国，如陶器在我国一样或更为价廉。这种瓷器远销印度等地区，直至我国马格里布，这是瓷器种类中最美好的。”④显然，按照这样简单的记叙，在国外仿制中国的瓷器是十分困难的。

日本是古代仿制中国瓷器最早和最好的国家。早在唐代，在日本的遣唐使中，就有专程学习中国陶瓷制作技术的留学生，这种身临其境的学习比走马看花的观察，更能学到中国陶瓷技术的精髓。在日本不仅出土了中国的唐三彩，也出土和传世有日本古代制作的精美的奈良三彩[5]，由此证实了日本对中国陶瓷技术的学习成果。日本对中国瓷器的仿制是在不断的学习中发展并不断改进从而取得重大进步的，这种发展和进步必然导致自身陶瓷制作技术的完善和创造。在明末清初，因为中国国内战乱的缘故，日本陶瓷产品已经赶上甚至超越了中国的类似产品，东南亚和欧美市场上，日本陶瓷大有取代中国瓷器的势头。等到中国国内局势稳定下来后，中国陶瓷生产的固有优势就会得到充分的发挥，当中国陶瓷生产商发现日本生产的陶瓷无论在纹饰和器型上都比较受到市场重视后，对日本陶瓷的仿制就不可避免了，而这种鉴于中国更高完善的生产技术水平基础上的仿制，很快就以更好的质量和更多的数量取代了日本生产的瓷器，从而在东南亚和欧美市场上，重新恢复中国陶瓷的市场占有率。

图3-10是一件明末清初时期的日本式瓷碗，它既有那个时期中国瓷器的明显特征，即碗沿为酱口，但它的器型又和中国瓷器有区别，其碗壁为双层叠加式，这种器型并非中国传统的器型，为日本陶瓷艺人的创造。这个瓷碗所绘的纹

图3-10　明末清初时期的日本碗

图3-11　17世纪的日本瓷盆

饰，也带有明显的日本风格。这是一件中国景德镇仿制的日本式瓷碗，是为适应国外市场对日本瓷的需要而生产的。

图3-11是一件中国仿制的17世纪的日本式瓷盆，盆呈橄榄状，盆心绘日本纹饰，盆的一端为一日本小孩俯卧在盆的尖端，使整个瓷盆如一叶小舟，煞有情趣，青花着色层次分明，日本式的异国情调中又隐约显露中国传统文化的意韵。

像这类中国生产的仿制外国的瓷器，和中国传统瓷器有着明显的不同，这是17世纪世界陶瓷市场激烈竞争的产物，也是中外陶瓷文化互相影响、互相交流的产物，没有在海底捞起这类瓷器，陶瓷界很有可能不认识或不认可这类出谱的瓷器。

我们将在下面的章节中分门别类论述出水的中国瓷器、日本瓷器和欧式瓷器。

2.礼品瓷

在所有海捞瓷中，礼品瓷是最值得收藏的，因为它是中国古代明清皇室或官府赠送国外王室或达官贵人的礼品，其制作的精美程度非一般商品瓷可以相比。也就是说，海捞的礼品瓷，往往都是中国明清两代皇室对所属藩国的赏赐瓷，也即官窑瓷器，特别是明代早期的一些官窑瓷器，在海捞瓷中累有发现，成为海捞瓷中的重要组成部分和精品。

众多明初礼品海捞瓷的出水，可能和明初改朝换代有关。明初推翻元代统治后，明皇室需要宣示海外，所以屡屡派遣使臣出国赏赐，明史中记载了不少明代统治者对日本、琉球、朝鲜、越南和东南亚各国的赏赐记录，而郑和下西洋时，庞大的船队中，其中的礼品有不少是精致的瓷器。这些肩负皇室使命的船只，也有可能抵抗不住海洋的肆虐而沉没海底，从而为现代收藏界增添一份宝贵的遗产。这份遗产，不仅让现代陶瓷界认识了明初陶瓷工艺的伟大成就，也让陶瓷史上一些令人费解的疑团得以澄清，它们的出水，可以和景德镇考古出土的明初官窑瓷器遥相呼应，为陶瓷界认识明初官窑瓷器提供可靠的依据。

图3-12为明早期青花缠枝莲纹罐，这种青花罐目前已知的存世量很少，它一进入拍卖市场，往往会拍出惊人的高价。而出水的这种大罐，说明它们早期也是明皇室的对外赏赐用瓷，随着它的出水，人们对它的认识会不断加深，对它的数量和质量会有新的认识。

图3-12　明早期青花缠枝莲纹罐

图3-13是一件典型的明早期青花一束莲纹盘，这种青花盘往往也是拍卖市场上的宠儿。一些对海捞瓷不大了解的“鉴定专家”，往往会轻易否定这类瓷器的存在，他们只相信现存博物馆的藏品，而不相信海底还深藏着不少这类官窑的瓷器。一些聪明的收藏家已经发现，在某个海外著名的拍卖公司的预展中，

图3-13　明早期青花一束莲纹盘

图3-14　明嘉靖五彩龙纹盖罐

一些清洗干净的明代早期的青花大盘，也有不易观察到的水渍。耐心的清洗，虽然会使海捞瓷的面目焕然一新，但总能露出些许蛛丝马迹。当然，精明的拍卖公司不会坦露这些明初青花盘的来源，把它当作传世品是最聪明的抉择。

图3-14是一件明嘉靖五彩龙纹盖罐，虽然没有清洗，但其所绘的团龙纹，“体渐细弱，看上去远不如宣德龙那样气宇轩昂”，“瓷器纹饰已趋富丽繁缛，笔至虽清丽，但画面缺乏层次”⑥。此件五彩盖罐，色调纯正，绚烂陆离，具有典型的嘉靖五彩特征，清洗后一定不失官窑器的凝重端庄之态。

在对海捞瓷进行简单的分类后，读者可以明白，这种分类，即把海捞瓷分成商品瓷、订样瓷和赏赐瓷，对于认识海捞瓷和鉴定海捞瓷，会有着很大的帮助。如果从交通史和陶瓷史的研究出发，打捞上来的海捞瓷都有十分重要的学术价值和研究价值，它清晰地记载了沉船的历史，记载了沉船年代的文明。海捞瓷和沉船的关系，就像一对双胞胎，它们的DNA有着密不可分的联系：如果沉船的订货单存在，那么，沉船上的瓷器就可以明确定出年代或者窑口，反之，学者们可从沉船上的瓷器来确定沉船的年代。这种双向关联的DNA，使学者们的研究往往有事半功倍的效果。重视海捞瓷的研究，对我们揭开中国陶瓷史甚至中国历史的谜团或者中外交往史的谜团，都有着无可估量的作用。从这一点上来说，每一件海捞瓷，都是收藏的珍品。

如果从收藏和投资的角度考虑，出水的海捞瓷中，礼品瓷或者说赏赐瓷是最值得收藏的，它们的艺术价值、历史价值、人文价值和经济价值，大大高于海捞中的商品瓷。一般说来为，海捞的赏赐瓷都是艺术精品，它有着十分巨大的市场潜力，但是，海捞的赏赐瓷，也有着极大的收藏风险。这个风险，首先来自于对它的认可度。在传统的思维中，明清两代的官窑瓷器，一般都是传世品，只有宫庭或世家门弟才可能收藏有这类藏品，严谨的学者们煞费苦心地统计出这些珍贵的官窑瓷器在博物馆的大约数量，相当多的好事者却煞有介事把这些数字神圣化，而排斥任何这些数字之外的藏品，任何新出现的明清官窑瓷器都有可能被怀疑为仿制品。它们的身份，从出生之日起，就可能被打上了非法的烙印；其次，因为这些官窑瓷器不菲的身价，其作假的可能性也越大，稍不留神，收藏赝品的机会也是十分巨大，所以，这样的海捞出水的赏赐瓷，收藏的机会是可遇不可求的。因此，在收藏海捞出水的赏赐瓷之前，对海捞瓷的认识和鉴定，应该是首先做好的功课，本书的出版就是旨在为收藏家作些简单的铺垫。

在海捞的商品瓷中，从投资和回报的角度考虑，它们收藏的重要性很难分出彼此，因为它们各有自己的优势和劣势。

一般来说，传统瓷多数都是民窑瓷器，它们有精致和粗陋之分，不能笼统地认为海捞的商品瓷收藏价值不大，其中的民窑精品，其投资价值丝毫不亚于海捞的赏赐瓷。总之，收藏和投资海捞的商品瓷，关键是掌握这件瓷器的精美程度，漂亮是第一位的，只有漂亮的海捞商品瓷才有收藏和投资的价值。

下面介绍一件漂亮的康熙青花龙凤纹盘，图3-15是这件青花龙凤纹盘出水时的状态，图3-16是它清洗后的倩影，它和第二章中所述考古出水的青花瓷盘显然完全一致，应当是同一时期同一窑口的产品。考古出水和民间收藏殊途同归，把它作为家庭的装饰，无论是放在桌上还是镶嵌在壁上，都能增添居室的华丽和富贵气息。

在收藏海捞商品瓷的过程中，应当注意这些瓷器的底款。不要以为海

图3-15　出水的清康熙青花龙凤纹盘

图3-16　清洗后的清康熙青花龙凤纹盘

图3-17 海捞瓷上的大清康熙年制底款

图3-18 “一善堂”款的清代瓷器

捞的商品瓷是民窑，它的款识就不重要。在这些瓷器中，尽管底足的款识不如官款来得精细和重要，但考虑到明清两代商品经济的相对发达，一些瓷器生产作坊已经注意自己的商业形象，其所书的底足，早期用的是纪年款，如图3-17的大清康熙款，书写十分到位；后期往往就是这些作坊的名号，一些传承日久的作坊，它们的陶瓷制品不仅在当时就深受客商的欢迎，也是当今收藏家追逐的对象，图3-18就是书写有“一善堂”款的清代瓷器。“一善堂”从乾隆年间就开始生产外销瓷器，一直绵延至清代晚期。

相比商品瓷中的订样瓷和仿制瓷来说，传统的海捞商品瓷，市场的受欢迎程度相对比较大，投资和收藏的风险小。许多收藏爱好者往往远涉重洋，在境外各地的拍卖市场或者文物市场上购买海捞的传统商品瓷。

订样瓷在欧美各国有广泛的市场，但在国内其影响程度却小得多，这是收藏订样瓷必须考虑的因素。和海捞的传统瓷相比，订样瓷中没有中国古代的官窑瓷器，生产的年代也相对晚一些，不过，订样瓷的质量，特别是它的器型和纹饰，有着相当迷人的诱惑力，作为一种居家的装饰品，其过度渲染的装饰风格，也颇受一些收藏家的喜爱。图3-19就是一件清晚期广彩仕女图盘，这种带有传统图案的订样瓷，是中外收藏家颇为中意的藏品。

海捞瓷中的仿制瓷，了解的人最少，受众面也最狭，一些“专家”往往

图3-19　清代晚期广彩仕女图盘

把它当成不伦不类的臆造品。因为，它往往有传统的中国纹饰，却有着异域风味的造型；或者在中国传统的器皿中，出现很难理解的外国纹饰。只有在水下考古打捞的海捞瓷中，这样的瓷器才会被专家承认，因此说，这样的海捞仿制瓷，其鉴定的困难因素比其他海捞瓷多得多，再加上出水的海捞瓷往往如新的一般光亮，更容易使人怀疑它的真实性。话又说回来，机会和风险并存，如果能掌握出水海捞仿制瓷的知识，收藏一些中国古代仿制的外销瓷也是一件别有风趣的乐事，而且这些瓷器的收藏价位也不是一个天文数字。图3-20就是一件日本江户锅岛窑生产的青花透雕盘。“锅岛烧不模仿外国作品，纯粹的日本风格，以花、果实等图案为题材。”⑦但是它的青花技艺应该是承继于中国的青花瓷器，而在器型的设计上又大胆采用了中国陶瓷的镂雕工艺，增强了盘型的空间感，确实是一种大胆的创新，因而颇受欧洲商人的欢迎。而图3-21清

图3-20　日本江户锅岛窑生产的青花透雕盘

图3-21　清康熙青花开光折枝花卉纹镂空盘

康熙青花开光折枝花卉纹镂空盘，就是再学习和再创新的作品。在这件青花盘上，其纹饰已经带有明显的异域风格，虽然还能看作盘沿的装饰还带有克拉克盘的风味，但开光图案外的盘沿却装饰有镂空的钱纹，无论其烧制工艺还是绘画装饰都明显好于日本锅岛烧的作品。这种由中国的克拉克瓷演变的日本风格瓷器，在占领了中国瓷器的国外市场后，再由中国陶瓷艺人的再创造，其日本风格虽然依然保持，绘画的技艺和瓷器的质量却更胜日本瓷器一筹，从而保证中国瓷器在国外市场的稳固。在这件中国生产的日本仿制瓷中，可以领略数百年前不见硝烟的瓷器市场争夺战。

了解海捞瓷的分类，把不同出口需求的海捞瓷的知识了然于胸，对于海捞瓷的鉴定和收藏无疑有着极大的帮助。

---

①②阿海：《雍正十年·那条瑞典船的故事》，中国社会科学出版社2006年版。

③④即泉州，原注。马金鹏译：《伊本·白图泰游记》，宁夏人民出版社2005年版。

⑤陈逸民、陈莺：《唐三彩的收藏和鉴赏》，上海大学出版社2007年版。

⑥耿宝昌：《明清瓷器鉴定》，中华书局香港分局1984年版。

⑦王玉新、关涛编著：《日本陶瓷图典》，辽宁画报出版社2000年版。

四　克拉克瓷

2005年12月10日，北京嘉德四季拍卖会上首次推出了“明万历号、清迪沙如号海捞陶瓷”专场。由瑞典人史坦（Sten Sjostrand）从马来西亚附近海域打捞上来的214件在海底沉睡了数百年的万历克拉克瓷，拍卖成交价为272.7万元，成交金额虽然不高，但成交率却高达92%。在嘉德拍卖的小拍中有这样的业绩，在当时已经相当不错了。其中，一件明万历青花莲瓣形开光花鸟盘拍出了5.5万元。一些外表粘有海洋生物的瓷器，由于带有显著的沉船瓷器特点，往往成为真品的记号，所以成交价往往超出估价几倍以上，如一件明万历的酱釉罐，估价仅8700元，经过激烈的竞价，最终以5.5万元成交；另一块清代雕花船板也拍出了4.95万元的高价。

这场拍卖的成功之处，并不在于其成交的价格，而在于其超高的成交率，在于其把国内藏家还不太了解的“克拉克瓷”推上了拍卖前沿，在当时的情况下，海捞瓷几乎成了真品的代名词。

因此，有必要专章讨论和海捞瓷与外销瓷密切相关的“克拉克瓷”和“克拉克号”船。

其实，“克拉克号”船不是一条沉船！但历史往往在偶然事件中显示其必然的结果来。

1602年，荷兰东印度公司在海上捕获了一艘葡萄牙商船——“克拉克号”，船上装有大量来自中国的青花瓷器，因为不了解这些瓷器的产地，荷兰人就把这种瓷器命名为“克拉克瓷”。不过，“克拉克”也有可能不是船的名称，而是同类船只的型号，因为在1602年至1604年之间，荷兰人还截获了另外两条葡萄牙大船，一条为“圣•亚哥”号，另一条为“圣塔•卡塔得那”号，这两条船所载运的数以万计的瓷器，在阿姆斯特丹拍卖时，引起了疯狂的抢购。这样，克拉克瓷就在欧洲市场中确立了不可动摇的地位，从此，精美的中国瓷器不再是欧洲皇室独享的珍品，它开始进入欧洲上流社会的家庭。

关于中国瓷器在17世纪受到欧洲社会欢迎的状况及其原因，罗杰•麦克尔罗伊有过精辟的论述：“在欧洲，当中国风格的设计和主题流行的期间，欧洲对中国青花瓷器的需求也在继续并一直持续到17世纪末期。在17世纪的中期到来之时，一种新品种的青花出现了，它们更加精致，胎体更白更坚致细腻，青花发色更湛蓝、更纯净。它们显露出16世纪过渡性瓷器的特点——底部是平的没有上釉，除此以外，几乎和后来清朝康熙年间的瓷器没有显著的差别。作为一种在欧洲被高度重视的贵重的商品，中国瓷器在欧洲的重要性在继续升华，直至它作为富有的皇族及贵族的家居装饰品而成为一种地位的象征。当时非常流行将大量的瓷器放在壁炉的上方一排排地陈列——这是17世纪末由法国的新教胡格诺派的丹尼尔•马洛特兴起的流行于整个欧洲的室内装饰。”①

这样，当欧洲主流文化出现了对中国外销瓷器的狂热追求后，这种被称为克拉克瓷的中国外销瓷就风靡于欧洲大陆。

1.克拉克瓷的基本特征

在和陶瓷相关的古代船舶中，“克拉克号”，也许在世界上最为出名了。“克拉克”已经成为一个符号，不仅是一艘船的符号，而且是一种瓷器的符号，它是特定年代特定纹饰的一种瓷器的符号。在陶瓷界，只要一说“克拉克”瓷，人们就知道，这是指一种典型的青花瓷器，它的器型包括盘、碗、瓶等等，其中以宽边的青花瓷盘最具代表性。

这种青花瓷盘往往盘心是蓝底的装饰性的主体纹饰，而盘沿绘着开光的各种青花纹样（图4-1）。这种青花瓷盘的生产年代为明晚期至清初，或者称之为17世纪的典型青花瓷器。在日本，把这种青花瓷器称之为“芙蓉手”。

克拉克瓷有以下基本特征：

图4-1　克拉克瓷，江西省博物馆藏

（1）器型

克拉克瓷以盘居多，一般分大盘和小盘两种，大的直径在30厘米左右，小的在20厘米左右，也有直径在50厘米左右的特大盘子。

图4-2　明晚期青花水禽纹盘

克拉克瓷盘一般都是板沿盘（图4-2），其板沿较薄，浅弧腹，平底厚实，整体制作比较粗犷，也有不少精品，盘口和圈足往往不圆，圈足一般平切微微向内倾斜，底足也有发现粘沙。

克拉克瓷盘

的盘口有圆口和花口两种，图4-2和4-3是圆口盘，而图4-5和4-6是花口盘。

凡是那个时期生产的用于外销的带有开光图案的青花瓷器，一般也称为克拉克瓷。

（2）工艺

克拉克瓷器的瓷坯制作是采用胎接的方式，瓷器的不同部位胎接而成，再加上修胎并不精致，一般都会在接胎的地方留下痕迹，而以盘子的折沿部分最为明显，这不仅是因为修胎不精，也因为盘沿和盘底的拼接面积过大的缘故，在克拉克瓷的底部还常常发现放射状的跳刀痕或同心圆状的旋胚痕。

克拉克瓷胎土一般比较白，也有呈灰白色者，它的釉质往往呈淡青色，因烧制工艺的问题，少量瓷盘胎釉结合不紧，口沿处甚至出现脱釉现象，盘的底部，釉面常常可能出现深入胎骨的细小棕眼。

图4-3　康熙青花四开光折枝花卉纹盘

图4-4　康熙青花六开光人物故事图盘

（3）纹饰

克拉克瓷有着典型的纹饰特征，因此这是一种比较好认的外销瓷。

1）开光图案

克拉克瓷盘都有开光图案，盘沿内壁的图案一般有四开光、六开光、八开光、十开光等式样（图4-3、图4-4、图4-5）。开光中往往绘有对称的向日葵、暗八仙、杂宝、花鸟、人物和扇子等图案，在开光间隙和主题图画外有万字纹、织锦纹、鱼鳞纹等纹饰。边饰图案强调对称的装饰效果，由于运笔不太工整，有时涂染往往画出边框。

2）主题纹饰

克拉克瓷的纹饰具有万历民窑青花的典型风格（见图4-1和4-2），其题材多样，常见的图案为芦雁、盆花、松鹤和山水人物等，其下笔比较随意洒脱，画意不求形似，往往采用大笔涂染的写意技法。

图4-5　康熙青花八开光人物盘

3）绘画风格

克拉克瓷往往运用分水技法，形成三至四个色阶（图4-6），为康熙青花的成熟奠定了基础。因为使用国产的青料——浙料，虽不及永宣青花的艳丽，但也有翠蓝、灰蓝、淡蓝等几种色调，再加上民间陶瓷艺人不受各种规矩的束缚，所以画意自然潇洒。特别要指出的是，克拉克盘上凡出现勾勒的圆圈，往往都是用两笔拼凑而成，明显体现明末清初瓷画的时代特征。

（4）疑惑和缺陷

在观察了大量的克拉克瓷盘后，发现不少瓷盘的大小一致、器型一致特别是厚薄一致，这使人不得不怀疑克拉克盘是模压生产的，上海博物馆展出的系列青花盘可以看出这种端倪（图4-7）。提出这样的问题，是要解答我国陶瓷史上一个颇有争议的

图4-6　克拉克瓷纹饰上形成三至四个色阶

图4-7 上海博物馆展出的系列回流克拉克瓷

命题，即机器模压生产陶瓷器皿究竟始于何时？从传统的观念来说，模压生产是晚清时期才出现的陶瓷生产工艺，如果这个观念是完全正确的话，那么凡是在此前出现的模压工艺生产的陶瓷器皿，都应该是仿品。而大量克拉克瓷的器皿上，都可能发现类似的模压生产的青花瓷盘，如果这些克拉克瓷盘的年代是确凿无疑的话，那么，关于模压生产始于晚清的观念就应该改变，这种陶瓷工艺应该在明中晚期甚至更早就开始出现了。至于它使用的是金属模具还是其他材质的模具，还需要依据更多的实物资料或者文献资料来进行严密的考证。

这个疑惑，当然不能以这样简单的论述就作为定论，如果陶瓷史的研究者在这个领域里有所建树的话，将解放一大批似是而非的古代陶瓷。这也许是海捞瓷研究对于陶瓷史的一个十分重要的贡献。

克拉克瓷盘还有一个明显的现象，即国外存世的盘子比国内出现的盘子，无论在完整性上还是色彩的艳丽上，都漂亮得多。其中原因，应该是国外存世的克拉克瓷盘都是传世品，而国内出现的克拉克瓷盘，都是出土品（当然这里不讨论本世纪从国外买回来的克拉克瓷盘）。

国内出土的克拉克瓷盘，常见的为胎体较薄，内底微塌，圈足微向内敛，因用粗砂垫烧，因此底足多见粘砂。口沿脱釉现象普遍，盘底釉面常见深入胎骨的细小棕眼。盘口沿底部釉面有自然形成的土蚀痕迹，严重的土蚀会使有的克拉克瓷盘釉面失亮。这些瓷盘常常可以发现翘棱、窑裂，塌底、夹扁、串烟等各类缺陷。而国外现存的克拉克瓷盘一般来说，都较少出现此类毛病，观察一下图4-1江西博物馆展出的征集的克拉克瓷盘和图4-7

上海博物馆展出的克拉克瓷盘，就可以证实两者的差异。其原因在于，克拉克瓷主要用于外销，外销的产品在质量上有一定的保证，再加上国外的克拉克瓷盘都是传世瓷器，这就等于为这些瓷盘的品质作了双重保证；而国内现存的克拉克瓷多数不是传世品，这些窑址或墓葬出土的克拉克瓷盘，或者是当时生产的次品或废品，或者因入土时间较长而产生某些缺陷，这是收藏克拉克瓷的爱好者所必须注意的。

2.克拉克瓷的产地

克拉克瓷几乎成了我国外销瓷器的代名词，也可以说是出水瓷器的代名词，当然，这是对明中晚期以后出水的海捞瓷而言。成千上万的出水海捞克拉克瓷，它们究竟由我国什么窑口生产的呢？从上海博物馆展出的外销瓷器来看，上面的说明牌清清楚楚写着“景德镇窑”，这个结论正确吗？或者说，除了景德镇窑以外，其他窑口是否也生产出口的克拉克瓷，甚至其数量超过景德镇窑，成为当时主要的出口基地呢？

对于景德镇窑的迷信使得相当一部分研究者喜欢把我国陶瓷的求解之谜和景德镇联系起来。其实，在我国陶瓷的发展过程中，景德镇以它特有的天时地利作出了巨大的贡献，但是，我国陶瓷的源头并不在景德镇，我国陶瓷的许多珍贵品种也不在景德镇，对于外销或者出水的克拉克瓷来说，也许景德镇是这类青花瓷的最初生产者，也许景德镇生产的这类青花瓷最为精彩，但从目前存世的克拉克瓷来看，它的主要产地也许不在景德镇，那么它究竟在那儿呢？

克拉克瓷的主要产地，经过专家学者，特别是一些民间爱好者的努力，最终被确定为福建漳州平和窑。那里不仅找到了烧造“克拉克瓷”的窑址，还在窑址找到了和销往外国的克拉克瓷完全一致的瓷片和残器等实物标本。我国外销瓷生产窑址的发现，不仅和国内外陶瓷工作者的努力分不开，更是和平和县博物馆馆长朱高健先生的努力分不开。因职业的关系，朱高健手中保存着不少出土瓷片，它们具有明显的克拉克瓷特征，在查阅明清和现代的地方文献后他得知，平和地区曾经也是一个瓷器生产的重要窑口。“与此同时，平和境内丰富的窑址遗存的发现，也引起国内陶瓷界的重视，1992年2月，福建省博物馆、省考古博物馆学会和日本关西近世考古学研究会，在福州共同举办学术研讨会，确定了对平和窑址进一步发掘的合作项目。1994年11月至1998年6月，福建省博物馆与平和县博物馆先后三次在平和县南胜华仔楼窑址、田坑窑址、五寨乡的洞口窑址、陂沟窑址等地进行发掘。其结果令朱高健等人喜出望外，平和窑口烧制的瓷器中以青花瓷为主要品种，其装饰题材、纹样、工艺与‘克拉克瓷’完全一样，除此之外，还发现在日本被广为收藏却不明产地的‘交趾香合’(即素三彩)的烧制窑口及标本。至此，一个长时间困扰国内外陶瓷考古界的外销瓷产地之谜终于被破解。”②

克拉克瓷所以在漳州平和得以生产和发展，不仅因为平和地区得天独厚的交通、瓷土资源和满山遍野的松柏提供的燃料有关，更是有着特殊的人文环境和政策因素。据文献记载，明朝平和地区发生动乱，“王阳明发二省兵众，平定平和寇乱后，为安定地方，选留随军兵众，在各新建置的县治衙门充当杂役或管理庙宇等，与当地百姓共建平和。其中江西兵众中不乏陶瓷方面的能工巧匠，至今在原平和县治所在地九峰镇东郊，有一当地俗称‘江西坟’的山岗，系平和设县以来，江西籍移民公坟”③。

此后，“自明正德十四年(1519年)至崇祯六年(1633年)，共有13位江西籍人士主政平和。时值月港海

图4-8 景德镇观音阁窑址出土的明代青花开光花果纹盘

上贸易十分繁荣，瓷器又是对外出口的大宗商品，为造福百姓，获取厚利，这些到任的知县赋予瓷业优惠的税收政策，加以扶持，组织民间生产烧制参与市场竞争”④。

由此可见，一个产品的生产、发展和壮大，除了资源、技术、销路和装备外，还需要人才的支撑和政策的支持，古今中外，莫不如此。明清两代的克拉克瓷之所以能在福建漳州平和地区得到迅猛发展，实在是离不开上述众多因素。

在搞清我国克拉克瓷的主要产地后，并不是说，这种产品只有漳州的平和窑生产，其实，在众多的海捞瓷中，的确还有其他地区生产的克拉克瓷，特别是江西景德镇的产品，如图4-8就是景德镇和田窑博物馆展出的景德镇观音阁窑址出土的明代青花开光花果纹盘，这是一件典型的克拉克盘，它的出土有力地说明了景德镇窑在明代就已经开始生产出口的克拉克瓷。而图4-2至图4-6所示几件克拉克瓷在上海博物馆展出时，也明确标明为景德镇窑制造。读者还可能在福建和江西的其他窑口中发现克拉克瓷的产地。应该说明的是，克拉克瓷的青花烧制技术，平和窑是传承于景德镇窑，这种传承还对国外的青花瓷生产产生了巨大的影响，日本的伊万里窑烧制的青花瓷盘就带有明显的景德镇窑的制瓷风格，从上海规划馆在2007年展出日本收藏的文物时所列出的图表上（图4-9），可以清楚地看出伊万里窑和景德镇窑的传承关系。克拉克瓷也对其他国家的瓷器生产产生了不

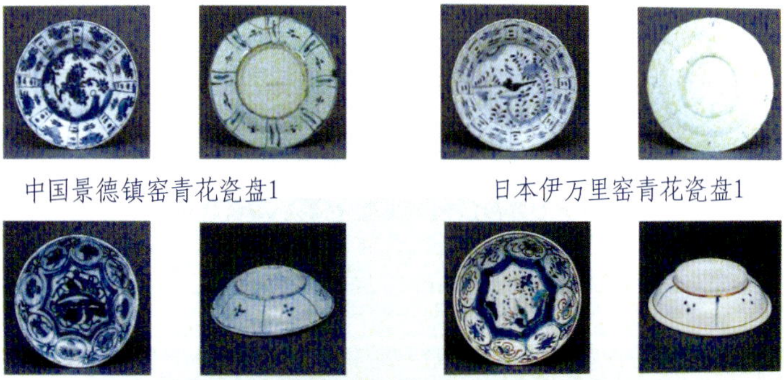

中国景德镇窑青花瓷盘1　日本伊万里窑青花瓷盘1

中国景德镇窑青花瓷盘2　日本伊万里窑青花瓷盘2

图4-9　中日青花瓷器的对照

小的影响，图4-10就是一件在大英博物馆展出的波斯时期的青花大盘，其纹饰图案明显带有克拉克瓷的装饰风格。

对于盘沿开光图案的理解，应该是广义的，不能用直观的几何图案作单一的思维。清康熙景德镇窑生产的克拉克瓷盘（图4-11），不仅图案充满异域风情，

图4-10 大英博物馆展出的波斯时期的青花大盘

图4-11 清康熙景德镇窑生产的克拉克瓷盘

图4-12　大英博物馆展出的克拉克瓷盘

而且青花发色和常见的也不太一致，颜色偏翠，釉面晶润；它的开光图案不是直观的几何形状，很容易被误判为现代仿品，但它确实是一件道道地地的清康熙时期的外销克拉克瓷盘。图4-12是大英博物馆展出的克拉克瓷盘，其盘沿的开光图案呈复杂的叠加状态。所以说，对克拉克瓷的开光图案，不能作简单的理解。

图4-13　清康熙克拉克青花瓷罐

在对典型的克拉克瓷器大盘有所了解后，读者也不能简单地把克拉克瓷狭隘地理解为只有大盘一种器型，其实，克拉克瓷应该包括其他器型。图4-13是一件清代康熙时期的青花瓷罐，它现藏于日本，这也应该是一件当时出口日本的克拉克瓷，从它的发色和瓷罐肩上的开光图案来看，它就是一件克拉克瓷。即使瓷器上没有开光图案，只要是明末清初的仅供外销的出口青花瓷，一般都可以理解为是一件克拉克瓷。

对克拉克瓷有一个详细的了解，对于认识海捞瓷器会起到事半功倍的作用，因为在出水的明清两代的海捞瓷中，其数量可能是最多的。克拉克瓷的器型、烧制工艺和装饰风格，以及克拉克瓷的产地和国外仿制的带有明显类似风格的瓷器，都是每一个收藏和鉴赏海捞瓷的人士必须掌握的入门知识。为了让读者对克拉克瓷有一个全面的了解，下面介绍两件能展示克拉克瓷盘内外壁的展品。

图4-14是一件现藏于日本的明景德镇青花花鸟纹克拉克瓷盘，图4-15是这件克拉克瓷盘的盘心图案，上面绘着多种花卉和各类禽鸟，这件克拉克瓷盘沿的开光图案，典型的几何图案，梯形和矩形间隔连接，梯形框内为花卉，矩形框内为绳结。克拉克瓷盘的外壁图案，它也以大小不行的梯形把盘外壁分成不同的区域，大梯形中绘有不规则的圆圈，小梯形中则画有草叶。图4-16也是现藏日本的明末景德镇窑青花花卉

图4-14　明景德镇青花花鸟纹克拉克瓷盘

图4-15　明景德镇青花花鸟纹克拉克瓷盘盘心图案

图4-16　现藏日本的克拉克青花盘

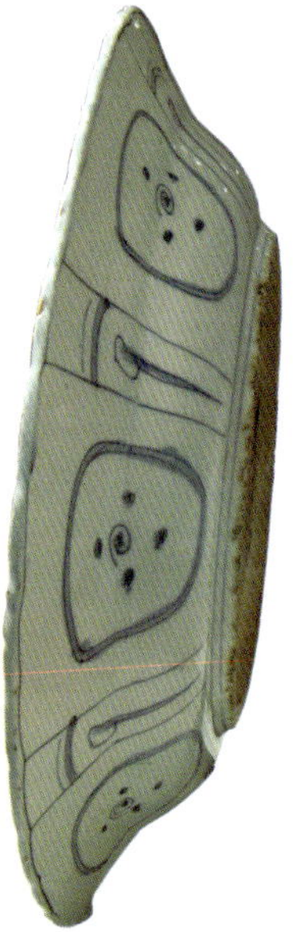

图4-17　克拉克瓷盘的外壁

纹大盘，这件克拉克青花盘的器型和图案风格和前面一件基本一致，不同的则是盘心为花卉，盘沿的梯形和矩形间隔的几何图案中，画的也是花卉。而图4-17是这件克拉克瓷盘的外壁，外壁所绘的图案风格和前一件克拉克瓷盘的风格基本一致，即都用大小不等的梯形分割区域，里面再绘有不规则的圆圈。把这些瓷盘的内外图案看熟，就能对明清之际的出口克拉克瓷作出正确的判断。

克拉克瓷是中外交流的载体，它在输出中国传统文化和艺术的同时，也吸收了外来文化和艺术的精华，这种双向交流使得中国陶瓷艺术得到了一次非凡的升华。这也就是为什么中外人士都喜欢克拉克瓷的缘故。

---

①罗杰·麦克尔罗伊：《我看中国古代外销瓷》，载钟欣译，钟森主编：《清代外销青花瓷》。

②③④《撩开“克拉克瓷”神秘的面纱》，载《光明日报》2001年3月29日。

五 海捞和外销的中国瓷器

严格意义上来说，出水的海捞瓷应该都是中国生产的瓷器，在古代文明中，瓷器是中国对外交往中最大的输出产品，也只有古代中国有能力在南北的丝绸之路中用不同的运输工具运送这些世界上最受欢迎的商品。之所以要把海捞瓷分成中国瓷器、日本瓷器和欧式瓷器，并不是区分这些海捞瓷的产地，这些瓷器的胎料、釉料、制作工艺和纹饰工艺基本都是古代中国工匠的杰作，作这样的区分，主要是针对海捞瓷的纹样、器型和市场。由中国匠人所生产的运往世界各地的古代瓷器，虽然相当多的数量是完全中国化的产品，也有相当部分的瓷器带有明显的异域风情，它们纯粹是为了适应出口需要而制作的，这不仅反映了不同文明和不同文化之间的交融，也反映了古代中国特别是民间对世界的开放，正是由于这种开放，使得我们在海捞的出水瓷器中，看到了欧式瓷器和日本瓷器。还要说明的是，出水的日本瓷器，绝大多数是中国生产的日式瓷器，也有少量日本生产的瓷器，这不仅在于中日之间悠久的交往历史，在于五良大甫等日本陶瓷艺人对中日陶瓷交往的贡献，也在于明清之交中国战乱的社会现状。而只要中国战乱平息，社会稳定，陶瓷业的恢复就是自然而然的事情。凭着雄厚的人才、技术和物质条件，我国陶瓷业的出口和重新占领海外市场也是自然而然的事情了。可以这样说，有什么中国瓷器出口，就一定会打捞出什么样的瓷器。因为海难对所有时代的海船都是一视同仁的。

海捞的中国瓷器绝大多数是出口的中国瓷器，因此，本章的介绍也必然包括外销后在国外传世的中国瓷器。这里主要介绍的是唐、宋、元、明、清时期的外销或海捞的中国瓷器。

1.唐代的瓷器

出水的海捞瓷中，最早的应该追溯到我国的汉代，但因汉代的海捞陶瓷很少有确切的文字记载和实物图片，所以本书只能从唐代开始叙述海捞瓷的前世今生。

在扬州博物馆中陈列着出土的唐代青花瓷器，它们既有唐巩县窑青花瓷盘（扬州市汶河南路万家福商场二期工程出土）（图5-1），又有唐青花执壶瓷器，类似的唐代青花瓷器也已经在河南巩县的唐代窑址中发现了实物（图5-2），这种在当时还是陶瓷新产品的时髦玩意儿是否已经出口海外呢？海捞瓷给出了明确的回答。

在印度尼西亚黑石礁打捞出水的沉船上，出水了类似的唐代青花瓷器（图5-3），这件瓷盘无论从器型、釉色、胎色和制作工艺上观察，都和扬州出土的瓷盘类同，而其纹饰图案也和执壶上的图案以及图5-4扬州出土的唐青花瓷片上的图案一致，特别可贵的是，它们都呈现出高铁钴料的种种

图5-1　扬州出土的唐巩县窑青花瓷盘

图5-2　扬州出土的唐青花执壶

图5-3　央视播出的“黑石号”沉船上的唐青花瓷盘

图5-4　扬州出土的唐青花瓷片

呈色特征。这种出土和出水瓷器相互呼应的事实，显示了人类在审美效应上的一致性，当中国瓷器在绘画风格上达到一种新的艺术追求时，大洋彼岸也会发出同样的呼应，市场就会因这种呼应而作出选择，外销的需求也就产生了。

在“黑石号”上，釉下彩的瓷器不仅有釉下青花，更多的是釉下褐彩，在总数67000多件的各类瓷物中，有长沙窑、邢窑、越窑、巩县窑等窑口的产品，而长沙窑的产品数量最多，长沙窑瓷器的数量有56500多件，其中数量最大的是碗，其次是执壶，这类釉下褐彩执壶，数以万计地出现在这艘沉船上，特别引人注目。专家们认为，这和长沙窑瓷器的成本低廉、纹样新颖有着密切的关系，在长沙窑瓷器中，不仅发现了许多中国民族色彩强烈的文字和纹样，也发现了阿拉伯纹饰和字样，由此可见长沙窑瓷器的出口规模和担当的文化交流的角色。图5-5是仓库中陈列的“黑石号”上打捞出水的长沙窑执壶，可见其数量之多。

谁也没有料到，“黑石号”众多的长沙窑执壶，无意之中回答了一个当今文博界的谜团。近期，有一个故宫的从业人员，质疑杭州南宋官

图5-5　仓库中的“黑石号”上打捞出水的长沙窑执壶

图5-6　长沙窑贴塑大执壶

图5-7　唐长沙窑青釉褐斑贴花壶

窑博物馆的一件长沙窑执壶为现代仿品，理由之一就是这件执壶的把手太小，不足以拎起盛满水的壶身。媒体披露后，也做过一些跟踪报道，却把注意力放在现代制作仿品的陶瓷匠人身上。其实，只要到各大博物馆走一走，就可以发现，这种壶柄和壶身不协调的现象，实在是太多太多。因为，中国陶瓷的制作中，既有日常用瓷，更有不少陈设瓷，它从生产之日起，就是用来装饰而非使用的。柄的大小和壶的大小没有必然联系，更不是判断长沙窑执壶真伪的依据。图5-6就是那件被怀疑为现代仿品的长沙窑贴塑大执壶，图5-7是陈列在上海博物馆的唐长沙窑青釉褐斑贴花壶，它们都是柄小壶大，而图5-8

图5-8　"黑石号"上的长沙窑壶

图5-9　长沙窑执壶

是“黑石号”上的长沙窑壶，其柄的造型和图5-6的造型基本相似，而图5-9的长沙窑执壶更是柄小壶大的典型。在事实面前，我们究竟相信杭州南宋官窑博物馆的研究人员还是相信那位故宫博物院的从业人员？

外销而沉没的海捞瓷就是这样能以无情的事实来回答众多的中国陶瓷史的疑团。

2.宋代的瓷器

宋代是我国陶瓷史上一个辉煌的时期，宋代的越窑、耀州窑、龙泉窑都以其晶莹的釉色引得海内外陶瓷爱好者的惊羡，而磁州窑瓷器更以其奔放肆姿的图案活龙活现地再现了宋代社会生活的真实画面。五大名窑瓷器的造型艺术更是中国传统艺术精华的历史积淀，这种积淀不是从青铜器开始，它有着更漫长的历史渊源，它所引起的宋代文人及至现代文人的共鸣，已经成为中国文化传统挥之不去的绝响。这样的瓷器，当然会成为世界艺术的经典。它的走出国门，走向世界，是自然而然的事情。

据日本《朝野群载》卷二十所收录的宋代航海“公凭”记载：纲首李充赴日贸易，船载的货物有“象眼肆拾匹，生绢拾匹，白绫贰拾匹，瓷碗贰佰床，瓷碟壹佰床”①。我们还可以找到更多的日本典籍中关于中国瓷器出口的资料。此处引文中的“纲首”一词，就是现代所指的“船长”一词，特别有趣的是，在海捞的瓷器中曾出现了 些在碗底用毛笔书写的文字，它们引起了学者对宋代基层社会结构的兴趣。沉船上发现的碗底有墨书的几个实用

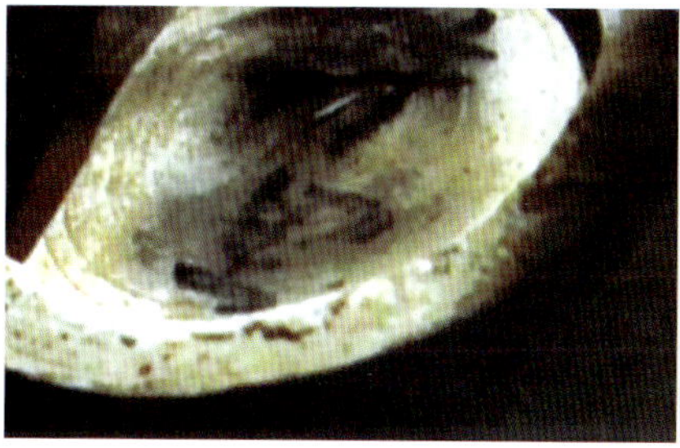

图5-10　泉州沉船上瓷器底部的墨书

图5-11　泉州海捞瓷底部的墨书

瓷器，如图5-10墨书“许里”的碗底和图5-11墨书“李保长”的碗底，就证实了即使在一条远洋航行的海船上，我国保甲制度这种保持中国社会高度稳定的底层结构依旧牢牢地扎根在漂浮的洋面上。有兴趣的读者不妨搜索中央电视台纪录频道，观看“南海一号”的相关节目，就会知道笔者的叙述不是无的放矢。

学者们已经得出明确的研究结论，许多返航的沉船上的瓷片都是船上各类人等使用的日常用瓷，其底足所书的文字应该是使用者的姓氏，以示互相区别，而这种区别，则把宋代社会的保甲制度再现在世人面前。仅从这些不起眼的瓷片上，海捞瓷的学术意义就昭然若揭。

在菲律宾，在印尼，在东南亚其他各地，甚至远在非洲东海岸，在波斯湾都发现了出水的中国宋代海捞瓷器，它们记载的我国中世纪文明的信息，记载着我国宋代和这些地区的交往。寻找宋代出口瓷器的残存，寻找宋代沉没海底的瓷器，不仅是陶瓷史学者的期盼，也是历史学家和人类学家的期盼。

读者也许更关心的是海捞瓷本身。打捞出水的海捞瓷会带给我们什么惊喜呢？

可以这样说，在有宋一代，有什么样的瓷器出口，海底就会打捞上什么样的瓷器，甚至没有记载的出口瓷器，也能在海底打捞出水。

图5-12　日本收藏的宋建窑天目茶碗

2007年5月间在上海举行的日本收藏家藏品展中，有一些宋代的传世品展出。我们看看这些展品，再对照近年打捞出水的瓷器，就会明白海捞瓷藏品之丰富。

宋代流行斗茶，所以黑釉瓷器成为一

些窑口的主打品种，建窑和吉州窑就是以烧制黑釉瓷而著名。世风所及，当然会波及海外，黑釉瓷的出口也是顺理成章的事情。

图5-13　建窑博物馆陈列的出水黑釉碗

图5-12是那次展出的宋建窑天目黑釉茶碗，无独有偶，在连江定海水下考古中也发现了宋代的黑釉碗（图5-13），现陈列在福建建窑博物馆中。传世品和海捞瓷，都见证了外销瓷器的过程，只不过，前者顺利到达日本，后者却沉没海底，千年之后才重见天日。

青白瓷，是宋代江西景德镇生产的典型瓷器，从它问世之日起，就成为宋代十分畅销的产品，这一点又在它的外销出口中得到证实。图5-14日本藏家收藏的南宋青白瓷宝相花纹小盘和图5-15日本藏家收藏的宋青白瓷牡丹纹百合口瓶以及图5-16日本藏家收藏的宋元青白瓷菊花纹香盒，都是日

图5-14　南宋青白瓷宝相花纹小盘

图5-15　宋青白瓷牡丹纹百合口瓶

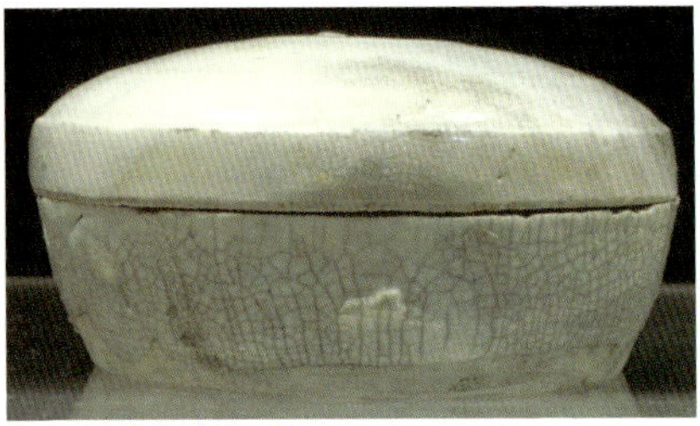

图5-16　宋元青白瓷菊花纹香盒（左上）
图5-17　青白釉茶盏（左下）
图5-18　青白釉执壶（右上）
图5-19　青白釉粉盒（右下）

本民族因受中华文化的影响而十分喜爱的宋代青白釉瓷器，它们的造型风格和釉色，是宋代造型艺术追求素雅和宁静的内涵的最好佐证。同样，在“南海一号”打捞出水的瓷器中，也有这种风格的瓷器，图5-17是“南海一号”出水的青白釉茶盏，图5-18是“南海一号”出水的青白釉执壶，图5-19是“南海一号”出水的青白釉粉盒，就是其中的代表。和上述三件收藏在日本的宋代青白釉瓷器相比，它们的釉色和造型风格如出一辙，特别是两个粉盒，极又可能是同一窑口生产的瓷器。从“南海一号”统计的数字来看，这类粉盒，数以千计地出现在沉船上，说明青白釉的粉盒是宋代的大宗出口商品。粉盒、茶盏、花瓶和执壶这一类日常生活用品，不仅品种多，而且数量大，这在国外屡屡都有出土报告。

日本九洲福岗修地铁时出土中国陶瓷片有十万件之多。②在马来西亚，仅据沙捞越博物馆十几年来发掘所得中国瓷片即达一百余万片。③在埃及的福斯塔特遗址出土的六七十万陶瓷片中，其中中国瓷超过两万片。④这些遍布远东和近东地区的各国出土的瓷片，都是宋元时期的中国瓷片。图5-20是福建省博物馆中的日本和菲律宾出土的外销瓷介绍，从这些瓷片和本章中已经提供的图片来看，它们多数都是我国浙江、福建和江西窑口生产的瓷器，当然这并不排除我国其他地区窑口瓷器的出口。只要从唐代长沙窑瓷器的出口这一点上就可以断定，即使在南宋疆土狭小的情况下，我国诸多省份也有瓷器的出口，比如福建和广东等地瓷器的出口。而其中影响较大的当为福建窑口的产品，这和泉州港的兴起有密切的关系。

图5-20　日本和菲律宾出土的外销瓷

图5-21　西沙水下考古打捞的瓷器（左）
图5-22　福建地区出土的小罐残件（右上）
图5-23　福建地区出土的瓷器残件（右下）

宋代，随着泉州港对外贸易的兴盛，极大地刺激了福建的瓷器生产，全省各地窑场林立，形成以仿龙泉窑的青瓷、仿景德镇窑的青白瓷和以建窑为代表的黑釉瓷三大窑系鼎立的繁荣局面。这样的窑场在福建多达一百多个，而且多数窑口同时烧造上述窑系的产品。它们基本上都是销往国外，有的不幸沉入海底。从福建省博物馆中的图片中（图5-21）可以清楚地看出，这些西沙水下考古打捞的瓷器，和福建地区出土的瓷器（图5-22、图5-23）基本相同。

叶文程先生在《福建陶瓷》一书中说：“到南宋时代，由泉州港输出的瓷器日见增多。当时中国的瓷器甚至销往欧洲和非洲等地。南方的一些窑口，特别是福建和景德镇的瓷器就有了欧洲的市场。”⑤宋代的海捞瓷器完全证实了叶文程先生的论断。

3.元代的瓷器

元代瓷器的出口外销，绝不逊于宋代，这从大量出水的海捞瓷中可以得到证实。

图5-24是福建平潭大练岛打捞出水的龙泉窑青釉印花双鱼洗，这种青中泛黄的釉色和印花的双鱼纹饰，是典型的龙泉窑工艺，它在元代沉船上的出水，说明了龙泉窑瓷器在海外

图5-24　元代龙泉窑青釉印花双鱼洗（上）
图5-25　元代龙泉窑青釉洗（中）
图5-26　元代龙泉窑青釉花卉纹双系小罐（下）

的影响。在同一地点，还出水了同窑口的多种瓷器，如图5-25元代龙泉窑青釉洗和图5-26元代龙泉窑青釉花卉纹双系小罐，都带有同一时期的明显特征。除了印花工艺外，龙泉窑瓷器还时常采用刻花工艺，这在出水的龙泉窑瓷器上也有发现，图5-27龙泉窑青釉印花牡丹纹大盘和图5-28龙泉窑青釉刻莲花纹大盘就是印花工艺和刻花工艺比较的龙泉窑大盘，特别要指出的是，器型硕大的盘子，也是元代典型的瓷器，所以说，出水的海捞瓷上，几乎可以找到元代瓷器的各种类型。福建平潭真是一个水下宝库。这类龙泉窑的瓷器应该是元代的大宗出口商品，在韩国打捞出水的新安沉船上，光浙江龙泉生产的外销瓷就有一万多件，可见龙泉窑瓷器在国外市场的影响力。

图5-27　龙泉窑青釉印花牡丹纹大盘

图5-28　龙泉窑青釉刻莲花纹大盘

把视野拓宽，我们还能看到更为精彩的海捞瓷器，这就是著名的元青花瓷器。

据《海南日报》2010年6月7日报道，2010年5月，中国水下考古队在西沙群岛永乐环礁调查，发现了一处元青花沉船遗址，出水了180件珍贵的元青花瓷片（图5-29）。这是中国水下考古22年来，首次发现的元青花。遗憾

图5-29　《海南日报》报道的出水元青花瓷器

的是，发现的元青花遗址明显已经被人盗捞。

从这段报道中可以读出以下信息：

首先，元青花不止300件。这里出水的是180件元青花瓷片，当然这些瓷片又可能是同一瓷器的遗物，但不排除这些瓷片来自不同的瓷器，也就是说，水下完全可能沉有更多的元青花瓷器。

其次，这次发现的都是瓷片，没有整器。瓷片不可能出口，它一定是沉船后破碎的结果，整器哪里去了？报道说有盗捞的痕迹，也就是说，元青花整器完全可能被盗捞走了！这种海捞的元青花整器被盗捞后，一定会出现在各地的文物市场上，它们或者被国内的有识之士善意收藏，或者被一些无知之徒认作赝品而出走海外。这里要说明的是，国内极有一些宵小之徒，故意将各地文物市场上的这类出水的元青花瓷器说成赝品，以满足海外某些利益集团对中国文物的觊觎之心。我们反对一切盗墓和盗捞行为，对一切有意盗捞古代沉船的非法行为，有关部门应该担负起必要的职责予以打击。问题是，一旦在市场上出现了已经被非法出土和出水的古代文物时，不仅政府相关部门有责任抢救这类文物，一切爱国的中华儿女都有责任保护古代文物不让其流出国外。

第三，这是首次发现的海捞的元青花瓷片，这并不等于过去没有渔民发现过类似的瓷器，当渔民们无意之中打捞上这些元代的青花瓷器或者其他瓷器时（图5-30、图5-31），如是瓷片（图5-32），很有可能被重新扔进海里。如是整器，或者带回家中，作为日用器皿使用，或者卖出，以贴补家用。

图5-30　渔民的海捞元青花瓷器

图5-31　渔民的海捞元青花釉里红高足杯

图5-32　海捞的元青花瓷片

图5-33　打捞出水的元青花盘

我们很难用法律规范渔民的这类行为，有关部门要做的工作恐怕就是把渔民家中的这类古代器物征购而已。

图5-34　元青花盘上的凤纹

科学打捞的元青花瓷器，可以使收藏界对这个时期的瓷器器型、纹饰和底足有一个清楚的认识。图5-33是一件打捞出水的元青花盘，它直径在25厘米左右，圆口，盘壁绘扎枝牡丹，盘心绘双凤纹。从图5-34元青花盘上的凤纹可以看出这是典型的三个尾巴的画法，图5-35元青花盘上的牡丹纹，其牡丹树叶

图5-35　元青花盘上的牡丹纹

图5-36　元青花盘的底足

图5-37　出水的元代枢府瓷

为元代的葫芦叶，此图上还可以看出，盘口已经有布满口沿的裂纹，而盘上的开片，亦有可能并非开窑时的杰作。图5-36为这件元青花盘的底足，从圈足的外壁看，这件瓷器应该是元末的东西。应当说明的是，这些瓷器因为在水下长时期浸泡，有的釉面依然晶莹，更多的却是釉面受到不同程度的腐蚀，因此，以这样的釉面来判定自身的真伪或者其他元青花瓷器的真伪，需要采取慎重的态度。

海底还有其他元代的瓷器，图5-37就是一件出水的元代枢府瓷，可以相信，海底还会有元代生产的不同窑口的不同瓷器。

不管水下的元代瓷器如何出水，元代的各类瓷器甚至青花瓷器是客观存在于辽阔的中国海域甚至太平洋海域。

4.明代的瓷器

明代是我国远洋航行大发展的时期，以致英国人加文·孟席斯写了一部引起世界广泛注意的《1421：中国发现世界》，他在《结语·中国人的遗产》中写道："永乐十九年至永乐二十一年（1421—1423）宝船队之行扩展了这个已经很辽阔的贸易帝国。他们沿着北美和南美的太平洋海岸，从加利福尼亚到秘鲁建立了永久殖民地。在澳大利亚、整个印度洋地区和东非也有定居者。他们还建立了供应基地，首次直穿太平洋将美洲和中国联系在一起，随后澳大利亚和新西兰和中国之间也建立了供应基地。”他写道：“从澳大利亚到满洲，可以发现精美的青花瓷器”，“在东非的海岸线，波斯湾和澳大利亚发现了明朝的瓷器”，“印度洋地区发现的中国明朝的瓷器，也许是来自失事的葡萄牙船队的货物。”⑥他关于各国发现明代瓷器的报道是以事实为依据的。事实上，中国明代瓷器在各国的打捞出水远远不止这些地区，关注明代出水的海捞瓷器，可以对我国明代陶瓷艺术有一个全新的认识。

本书前面已经叙述，海捞瓷中赏赐瓷最为珍贵，能捞出这样的瓷器实在是考古界的幸运。图5-38是一件打捞出水的明早期青花绶带瓶，由图可知，这应该是一件明早期的官窑珍品。此瓶神韵古拙，造型清秀，呈葫芦形，束颈，竖向扁圆腹，扁椭圆形足，自颈中部至肩置绶带状耳。与常见的此类绶带瓶不同的是，此瓶上部不是常见的圆形葫芦口中，而是梯形状的圆锥体，如果不是考古出水，很有可能被定为赝品。瓶口沿处绘回纹，以下是倒置的莲辩纹，瓶颈为芭蕉纹，蕉叶中空。器主体正面绘海兽花纹，花心为莲纹。青花鲜艳明快，浓郁处能见黑斑，下腹部可见明显横向接痕，因长年受海水挤压，已经形成裂缝，长方形浅圈足。图5-39明青花绶带瓶的侧面，图5-40是这件明青花绶带瓶的特写，由图可知，瓶身侧面绘有连缀钱纹。图5-41是明青花绶带瓶的底足，仍粘有

图5-38是　打捞出水的明早期青花绶带瓶

图5-39　明青花绶带瓶的侧面（左上）
图5-40　明青花绶带瓶的特写（右）
图5-41　明青花绶带瓶的底足（左下）

海泥。与其他类似扁瓶不同，此瓶的底足，突出于瓶身，隐约可见形成内外两个台阶，外面的圈足大于扁瓶的侧翼，而里面的圈足却和瓶身的侧翼大小一致，两层圈足分别由青花勾勒。这样的圈足比较少见，似乎为康熙朝瓷器的两层台阶的底足的先声。

这件从器型、纹饰、釉面甚至底足都不同于常见的同期青花绶带葫芦瓶，要不是出自于海底，可能会被否定。由此可见，海捞瓷的不断出水，的确能解开中国陶瓷的许多谜团。

更多的明代外销和海捞瓷，是日用的生活和装饰瓷，它们的器型和纹饰带有明显的时代特征。

图5-42是上海博物馆展出的一件明万历年间外销的景德镇窑青花龙凤

图5-42　明景德镇窑青花龙凤纹环耳瓶

纹环耳瓶，这种从玉壶春瓶演变而成的颈上象耳再带环的器型，应该经历了宋代的玉壶春瓶、元代的象耳瓶至这种环耳瓶的发展过程，这是典型的我国传统器型，它的外销欧洲证实了中国传统文化对欧洲文化的影响。

图5-43、图5-44是上海博物馆展出的明崇祯景德镇窑青花开光人物图瓶，这类瓶子从造型上来看，是一个直筒的身子，因此被称为“象腿瓶”，又因外形直统而被寓为江山一统而得“一统瓶”的美誉，是明末清初的典型器。此类瓷瓶，英国巴特勒家族曾在上海博物馆作过展览，他们把它们称之为中国17世纪景德镇窑瓷器。[7]这两件是从欧洲外流后回国展出的器物，

图5-43、图5-44　明崇祯景德镇窑青花开光人物图瓶

是荷兰收藏家倪汉克先生捐赠的外销贸易瓷。

图5-45　明景德镇窑青花水禽纹盘

图5-45是一件典型的克拉克瓷，为明万历至天启景德镇窑外销的青花水禽纹盘。其盘沿的开光图案，已经带有明显的异域风格，而盘心还留有传统的鸳鸯池塘图的风味。从图5-46的局部特写图上可以看出其修胎并不平整，釉面有棕眼，青花的发色偏暗，釉色也是白中带灰，所有这些特征显示了它是大量出口的民窑瓷器，因外销订单过多，产量过大，其质量还达不到官窑的水平。

图5-46　明景德镇窑青花水禽纹盘局部

我国的青花瓷器，从元代崭露头角开始，至明代影响波及世界各国，成为国外不同社会阶层趋之若鹜的追求，从而进一步促进了国内的青花瓷生产。明末的战乱并没有使这种生产需求降低，反而因财政的需要而继续大量生产，以致我国东南各省的窑场纷纷崛起，形成了大规模的人口集聚，造成了手工业市镇的出现。不仅江西景德镇，江西的乐平县和临江县，都成了青花瓷生产的基地，这种青花瓷生产的扩张，波及福建陶瓷的生产，除了同样的瓷土、松树燃料和河流交通条件外，便利的出海港口，更使福建窑口的青花外销瓷有后来居上的趋势。如福建德化以白瓷著名，它除了外销白瓷外，也烧制青花瓷器出口。据《福建陶瓷》一书所述："远销非洲的中国兰花纹青花瓷，在德化的后所窑、大垅口、内坂、溪碧、桐岭、窑仔兰、林地、水尾、枋山、尾仑、瓷窑垅、二板桥、后寮坂、苦竹垵等窑址都有发现。"⑧由此可见，仅在德化一县，生产外销的青花瓷器窑口就有如此之多，这种大量窑工的集聚必然导致小市镇的出现，对地方财政的贡献也可见一斑。这些福建生产的青花瓷器已经被国外众多的考古发现所证实。“非洲的肯尼亚和坦桑尼亚的坦噶尼喀、基尔瓦出土了大量德化窑的青花圈点纹碗、吉祥纹青花盘、碟、花兰纹青花盘等。其中圈点纹青花碗现珍藏于英国牛津东方艺术博物馆。非洲达累斯萨拉姆博物馆也陈列有德化窑吉祥纹青花碗。”⑨

浙江等地也发现了外销瓷的生产窑场，它们都和本书前面所述的福建平和外销瓷生产窑场呼应，为中国瓷器在明代的大规模出口创造了史无前例的场景。

5.清代的瓷器

清代是我国瓷器外销的鼎盛时期，这不仅见诸于文献和遗址，也被不断发现的沉船所证实。

如前所述，著名的“碗礁一号”，就是一艘在福建发现的清代沉船。

2008年10月至12月，中国国家博物馆水下考古宁波基地发现一艘清代木质商贸运输沉船，在清代沉船遗址表面采集出水“盛源合记”玉印、西班牙银币、青花瓷、铜器、锡盒、陶

图5-47　17世纪青花运茶图碟青花数字标记款

图5-48　19世纪中叶外销泰国青花出猎图壶，大清康熙年制款

罐、陶缸、石板等16件文物。而据中新社马尼拉2012年的报道，3月3日菲律宾国家博物馆人员在菲中部城市罗哈斯市海域发现一艘18世纪中国沉没商船。这样的发现已经很多，还会更多。因此清代海捞瓷的出水也绝对会引人眼球。

图5-47是一件陈列于香港艺术博物馆的17世纪青花运茶图碟，它的底足有青花数字标记款。这是一件极有意思的青花碟，带有明显的中外文化碰撞的标记。盘沿为欧洲花卉纹饰，而盘心却是中国茶叶外销的场景。盘心上方是结账的买卖双方，下方是茶叶装运的画面，场景中的人物都为清代打扮，昭示着清代茶叶外销的盛况。在外销的瓷器上绘着茶叶外销的图案，把我国古代两大主要出口商品汇聚一碟，不能不说是中国陶瓷艺人的匠心独用。图5-48也是一件人物纹的外销瓷壶，它于19世纪中叶外销至泰国，上面的青花图案为传统的出猎图，底足有大清康熙年制款，系罗桂祥博士捐赠。与上图不同，其画面基本上都是中国的传统风格，由此可见，在外销的瓷器中，既有中国传统图案的器物，也有中外文化相结合的图案。这种传统和外来文化的结合，在海捞瓷上也可以得到证实。图5-49是福建平潭“碗礁一号”出水的清代青花大盘，其图案是传统的缠枝牡丹纹。而图5-50也是“碗礁一号”出水的清代青花大盘，盘心也是传统的山石牡丹纹，但盘沿的纹饰明显带有异域风格。

外销瓷中经常有一些出其不意的类型，图5-51清康熙景德镇窑酱色釉青花如意花卉纹葫芦瓶，要是首先出现在国内市场上，很在可能被当作臆造的器物，它虽然名为葫芦瓶，却和见惯的葫芦瓶有很大的不同。它是葫芦

图5-49　“碗礁一号”出水的清代青花缠枝牡丹纹大盘

图5-50　“碗礁一号”出水的清代青花山石牡丹纹大盘

图5-51　清康熙景德镇窑酱色釉青花如意花卉纹葫芦瓶

瓶上叠蒜头瓶，上面的蒜头瓶以釉下青花绘图，下面的葫芦瓶却是单色酱釉。这种两种造型重叠结合的构思，这种单色釉和釉下彩分别绘在同一瓷器的不同部位上的创意，在国内的博物馆中还没有见过，这样的别致的造型和颜色组合，不符常规，往往容易被误判，好在它是外流回归，就堂而皇之地登上国内一流博物馆的展厅。在这件葫芦瓶前，国内的鉴赏家应该有所醒悟，不要对自己没有见过的东西轻易地否定和唾弃。

见惯了传统的器型，如图5-52所示的清康熙青花开光花鸟博古图瓶、图5-53所示的清康熙青花麒麟图盖罐和图5-54的清康熙青花如意开光花鸟纹罐，我们当然会习惯地点头肯定，因为它们的倩影经常出现在一些经典的陶瓷著作中。即使搞不清图5-52究竟是胆瓶还是玉壶春瓶，但它毕竟还是我们经常能见到的器物；即使搞不清图5-53还可以被称为莲子罐，也并不妨碍我们对它的认同。而面对清康熙青花如意花卉纹香薰（图5-55），这样一件与传统的香薰器型不相吻合的器物，对于它集轮制和镂雕工艺与一身，叠加组合的香薰，我们是怀疑还是肯定呢？如果它不是出现在大型博物馆的展厅中，它会不会被一砸了之呢？很难说！

清康熙青花花果树纹双管瓶（图5-56）和清康熙青花镂空仕女图果篮托盘（图5-57），即使注明这是上海博物馆展出的由荷兰收藏家倪汉克先生捐赠的外销贸易瓷，还是有朋友会怀疑它的真实性。这种扭曲的双管，这种透雕的花篮，即使釉下青花露出浓浓的传统意韵，即使花篮的篮心

图5-52　清康熙青花开光花鸟博古图瓶

图5-53　清康熙青花麒麟图盖罐

绘有传统的仕女，它们和我们形成的康熙青花瓷器的思维定势也还是完全不同。上述三件青花瓷器也许放在中国出口的欧式瓷器中论述更为妥当。

一切和习惯不同的东西都容易被否定！

否定这些瓷器的理由很充分，一是这类器物没有见诸过去

图5-54　清康熙青花如意开光花鸟纹罐

的馆藏，二是这类器物釉面太新，三是它不是正规科学出土或出水的器物，四是谁能肯定捐赠者这些器物的来路？我们不能不佩服上海博物馆的瓷器研究者，当然他们也有谨慎的时候，但他们在对待国外捐赠者的器物时，思维方式不落俗套，不受旧窠臼的束缚，往往能作出令人敬佩的抉择。

这样的瓷器当然是清代康熙年间的精品！

图5-55　清康熙青花如意花卉纹香薰

图5-56　清康熙青花花果树纹双管瓶

图5-57　清康熙青花镂空仕女图果篮托盘

不仅清代的外销瓷和海捞瓷，历朝历代的海捞瓷和外销瓷还会有更奇异更出谱的器物，已经有报道在清代的海捞瓷中写有简化字，已经有报道在清代的海捞瓷中釉面刺眼“贼亮”，已经有报道海捞瓷中出水了300件以外的元青花瓷器，已经有报道出水了唐青花瓷器……

面对海捞瓷这个未知世界，我们要谨慎谨慎再谨慎。

①中国硅酸盐学会编：《中国陶瓷史》，文物出版社1982年版。

②《宋元时期泉州港的陶瓷输出》，《海交史研究》1984年刊。

③中国硅酸盐学会编：《中国陶瓷史》，文物出版社1982年版

④秦大树：《埃及福斯塔特遗址中发现的中国陶瓷》，载《海交史研究》1995年。

⑤叶文程、林忠干：《福建陶瓷》，福建人民出版社1993年版。

⑥加文·孟席斯：《1421年：中国发现世界》，京华出版社2005年版。

⑦上海博物馆：《上海博物馆与英国巴特勒家族所藏17世纪景德镇瓷器》，上海书画出版社2005年版。

⑧⑨叶文程、林忠干：《福建陶瓷》，福建人民出版社1993年版。

六 海捞的日本瓷器

在沉船中出水的海捞瓷器中，不仅有中国的瓷器，也有日本的瓷器。不过要说明的是，海捞的日本瓷器，并不是说一定产自于日本，多数可能是中国出口的瓷器，只不过这些瓷器的纹饰或器型带有明显的日本风格。因为在中日交往的历史中，中国瓷器的出口相当一部分是输往近邻日本，而为了在日本市场产生深远的影响，一些适应日本风格的中国瓷器也就应运而生。图6-1就是一件陈列在香港茶具博物馆的明代外销的日本式青花提梁壶。这类瓷器我们把它归类在日本瓷器中进行探讨，主要着重于它们的输出地和中日两国在陶瓷史上的交流和合作的研究。

图6-1　明代外销的日本式青花提梁壶

这类瓷器的器型可以以中国风格为主，但带有明显的日本情调。有的产自于日本，有的则产自于中国。比如著名的伊万里瓷原是在日本生产的瓷器，后来相当一段时间内成为我国景德镇窑的产品。学者甘雪梨就在《中国外销瓷》一书中说："伊万里瓷用釉下蓝彩装饰，一般在景德镇制造。"[1]之所以伊万里瓷能引起中国陶瓷的模仿，其原因在于明清之际的战乱。当战乱和清初的海禁使得中国瓷器的出口受到极大影响时，日本的陶瓷艺人在九州港口伊万里生产了带有明显日本风格的瓷器远销欧洲，以至于恢复后的中国瓷业不得不模仿这种风格重新占领失去的市场。而日本陶瓷的这种模仿和创新，它们对中国陶瓷发展的影响，目前还没有引起中国陶瓷界足够的研究和认真的思索，而海捞日本式瓷器的出水，可能会填补这一空白。因为这些日本式瓷器的器型和纹饰，不仅带有浓郁的异域风格，而这种异域风格却有着相同的东方风情，这种东方风情，同样能获得欧美市场的青睐，以致当中国的战乱极大地影响陶瓷的生产和出口时，日本瓷器就能够轻而易举地占领原本是中国瓷器的市场。

把日本伊万里窑的青花瓷和中国景德镇窑的青花瓷作一比较是完全必要的。尽管日本的研究者在将两者进行比较研究时，总是把中国的景德镇窑瓷器放在前面，但这并不等于说，中国的青花瓷无论在器型、纹饰和青花发色上，一定完全超过日本的伊万里窑瓷器。图6-2是将日本伊万里窑瓷器和中国景德镇窑瓷器放在一起展出时的对比。两组瓷器都是青花瓷，左边的一组是青花菱口盘，右边的一组是青花龙纹盘。

图6-2　日本伊万里窑瓷器和中国景德镇窑瓷器的对比

我们先来讨论左边的一组青花瓷器。这两件瓷器的图案都是在日本被称为“芙蓉手”的装饰纹样，也就是盘沿装饰有开光图案的“克拉克瓷”。这类装饰图案，大多制作于中国明朝末年，除盘沿开光外，盘外壁也往往绘有划分区域的几何图案。从万历至崇祯，这类克拉克瓷成为我国外贸出口的主打产品（图6-3）。由于崇祯末年的动乱导致制瓷业的衰亡，原本向中国订货的荷兰东印度公司，转而向日本的伊万里窑订购相似的青花瓷器（图6-4），再从日本大量出口到东南亚以及欧洲地区。把这两件瓷器作一比较就会发现，它们的器型都是菱口盘；图案都是盘沿为开光纹样，盘心才是主要纹饰；青花发色都是蓝中带灰；而从展出时这两个盘子的对比图（图6-5）上明显可以看出，其盘外壁的几何图案也十分类似。据日本的伊万里

图6-3　中国景德镇窑出口日本的青花菱口盘

图6-4　日本伊万里窑青花瓷盘

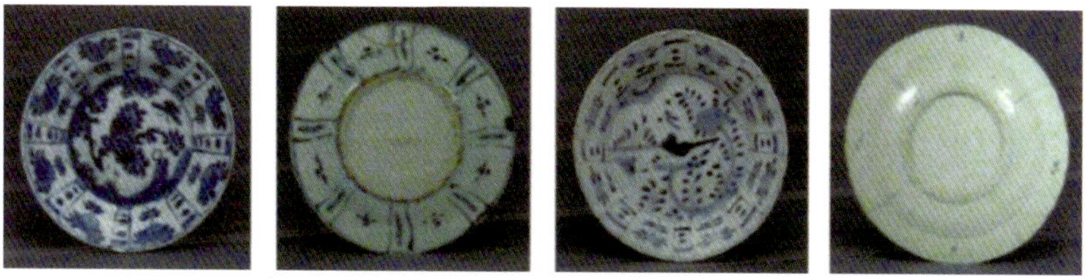

图6-5　中日青花盘对比

窑研究家小木一良介绍：其中的图6-4小盘十分有意思，“它的背面被分成四个区域，名个区域分别被写成阿拉伯数字的1、2、3、4，这四个数字可以被认为是由当时的订货人荷兰东印度公司把器皿的纹样分割为四部分，在画稿中作为记号而写入的数字，这个作为记号而写入的数字，在伊万里也被错当成绘画纹样原封不动地被描摹在器皿上。作为了解中国—日本—荷兰东印度公司之间关联关系的佐证，这是意义深远的一例作品。”②

从这样的一件日本式青花瓷器上，中国的研究者应该明白，青花瓷器上出现阿拉伯数字是完全可能的，千万不能把出现阿拉伯数字的青花瓷器定为赝品。

图6-6　清代景德镇窑青花龙纹盘

图6-7　日本伊万里窑青花龙纹盘

下面两件青花瓷盘更能说明中日陶瓷交流的师承关系。图6-6是一件清代景德镇窑烧制的青花龙纹盘，而图6-7则是一件差不多同时期日本伊万里窑烧制的青花龙纹盘，两者的青花发色已经基本一致，说明当时日本的青花烧制技术，无论从钴料的配制到升温速度的控制和高温技术，已经接近或达到中国景德镇窑的水平。尽管两者盘沿的纹饰各不相同，但盘心的龙纹几乎完全一致，特别是龙身的盘曲，可以明显看出两者的师承关系。如果不是有明确的标志，分开展示，的确很难判定哪一件是中国的窑口，哪一件是日本的产品。

不过，千万不要以为日本陶瓷的生产只是模仿，有些日本式瓷器的器型和纹饰的创意，为中国陶瓷艺人始料不

图6-8　日本青花童子方盆

图6-9　日本天保款青花地图纹碗

及。如图6-8日本青花童子方盆，把立雕童子和方盆结合在一起，实在是别具匠心，为中国陶瓷器型所不及；而图6-9日本天保款青花地图纹碗，这种把天保年间的日本地图作为纹饰绘制在青花碗上，究竟是日本诸候间争斗的需要还是具有其他含意，值得日本史专家的重视。而这类绘有日本地图的瓷器的出水，对于研究18世纪中日关系和日本近古史也许有着意想不到的作用，而把地图画在瓷器上，能使这样的地图永不褪色，不能不说是陶瓷艺术的一个创意。

在探索海捞出水的日本式瓷器前，完全应该对日本陶瓷艺人五良大甫有一个比较详细的介绍。在相当多的日本式瓷器中都会出现底款为“五良大甫吴祥瑞造”的字样，图6-10就是这样一件底款为五良大甫吴祥瑞造的日本式瓷碗。

五良大甫，原名伊藤五良辅，为日本陶艺家，他于明代正德六年（公元1511年），随日本临济宗禅僧人桂悟（字了庵）来我国江西景德镇学习制瓷技术，为适应在中国的制瓷生活，他取了一个中国名字，即“吴祥瑞”。在中

图6-10　五良大甫吴祥瑞造的日本式瓷碗

国学瓷期间，他所制作的瓷器在底款上往往署有“五良大甫吴祥瑞造”字样。其制作的瓷器一般有碗、盆、壶和罐等，因瓷器器形规整、胎质细白，釉层晶莹，青花亮丽而深受市场的欢迎。当时日本把从中国进口的青花瓷分作“祥瑞”、“染付”和“吴须”三个等级，其中“祥瑞”被誉为第一等的上品，可见其受欢迎的程度。

五良大甫于正德八年返回日本，把在中国景德镇学到的的青花瓷器烧制技术带回了日本。回国后的伊藤五良辅在日本肥前的伊万里设置窑场，史称伊万里窑，这是日本陶瓷发展史上的重要瓷窑之一。伊万里窑的产品与当时中国景德镇官窑生产的瓷器非常相似，因而在日本获得“祥瑞”或“祥瑞手”的称誉。由于为伊万里窑生产的青花瓷器制作精良，因而大多供日本天皇和皇室使用。

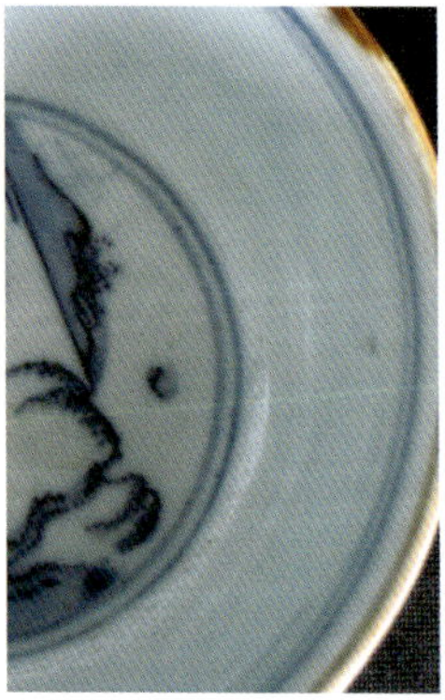

图6-11　“祥瑞”瓷带有明显的清初瓷器“酱口”的特征(左)

图6-12　底款为“五良大甫吴祥瑞造”的瓷器(右)

明末，中国战乱频繁，动乱的社会环境对陶瓷生产带来了很大的影响，而日本陶瓷却在此时获得了长足的发展，它的产品往往能替代中国陶瓷而远销东南亚甚至欧洲。当然中国陶瓷在这种激烈的市场竞争也不愿自甘落后，一些仿制日本“祥瑞”瓷器的产品也就应运而生了。因此，相当一部分的“祥瑞”瓷是我国明末清初的产品，不仅在出水的海捞瓷中可以发现底款为“五良大甫吴祥瑞造”的瓷器，上面带有明显的清初瓷器“酱口”的特征（见图6-11、图6-12），而在日本更有祥瑞瓷上明确记载了明末崇祯的年号。在日本滴翠美术馆，就藏有一件青花人物筒瓶，上面有“崇祯八年”的款铭，这是一件公认的“祥瑞”瓷，它的制作风格和图案装饰与我国景德镇民窑中署有“五良大甫吴祥瑞造”款的器物基本一致。由此可见，我们现在看到的大部分出水的海捞日本式瓷器，应该都是明末清初的产品。

出水日本式瓷器对于海捞瓷研究的重要性是不言而喻的。接下来我们将对已经发现的日本式海捞瓷作些介绍，以便读者略窥一斑。这里我们分别介绍一些日本式克拉克瓷、普荣克瓷、童子雕塑瓷、地图瓷、染付瓷和彩绘瓷等等，以使读者能对这类日本瓷器有一个感性的认识。

1.克拉克瓷

前文已经介绍过，克拉克瓷是我国外销瓷器的代名词，这种瓷器的典型特征就是器型以盘类为多，盘沿一般绘有四至八个开光图案。在海捞的日本式瓷器中，有不少就是这一类克拉克瓷，图6-13就是一件海捞出水的日本纹饰的青花克拉克瓷盘。盆为花口，大斜壁，从图6-14可知，其底足别具风格，圈足，足内壁高于外壁，足心有几个钉状突起，呈梅花状分布，用以支撑盆底，以免烧制时塌底。此类底足，可能是日本陶瓷匠人在中国景德镇烧制盘类器物时受中国师傅技术上的指点而作的创新。其盆沿为典型的八大八小16开光图案。小的长方形图案中为统一的花卉纹饰，而大的开光图案中为牡丹纹和蕉叶相间的纹饰。盆中心图案为鸳鸯荷塘图案，纹饰风格类似日本的浮世绘风俗画。这类瓷盆因运输时沉没，打捞出水后，光泽如新，再加上图案的

图6-13　日本纹饰的青花克拉克瓷盘

图6-14 日本纹饰的青花克拉克瓷盘底足

别具风味，很有可能被认为现代仿品或所谓的臆造品。

2.普荣克瓷

所谓普荣克瓷实际上是克拉克瓷中的一个特殊品种，在中国民间把它俗称为“阳伞瓷”。它是把荷兰阿姆斯特丹的画家康纳得斯·普荣克的画作《撑阳伞的女士》绘制在中国出口的瓷器上。画有此图的瓷器一般都是大盘，有青花也有彩瓷，因画中的女士穿着日本装束，带有强烈的东方色彩而又是西方画家的杰作，故而深受欧洲市场的欢迎，但这类瓷器依然是中国景德镇陶瓷工人的再创造。图6-15就是一件青花撑阳伞女士图大盘，青花发色清淡，蓝中偏黑，为典型的清中期青花的发色。盘沿八个开光图案，仕

图6-15　清代青花撑阳伞女士图大盘

图6-16　清代青花撑阳伞女士图大盘盘底

女和水禽相隔，一个是打伞的仕女，另一个是不打伞的少女，水禽开光上有花卉装饰的纹带，盘心为普荣克的画作，两个日本女子在芦苇塘边观赏水禽，后边打伞的少女明显是前者的侍女。从图6-16青花撑阳伞女士图盘底，可以看出和前面介绍的克拉克瓷盘底一样，圈足内有15个支钉，支钉数量如此之多，恐怕是为了避免大盘在烧制时的塌陷。这种瓷盘直径一般在20厘米左右，但这件大盘却近50厘米而有保存完整，实在是难得一见的精品。

3.青花童子雕塑瓷盆

在海捞的日本瓷器中，有一类生活气息浓郁，设计独特，集圆雕和贴塑于一身的瓷器，显得特别活泼可爱，这就是不见于中国瓷器制作的青花童子雕塑瓷盆。图6-17就是这样一种青花童子尖盆，图6-18为青花童子特写，把一个头扎发笼、双手扶盆、憨态可掬的日本孩童刻划得栩栩如生，图6-19是这件青花童子尖盆的底款，写着“五良大甫吴祥瑞造”八个楷体字。此盆因清洗不彻底，在童子的特写照上，发笼上和胸前还能看到水渍。这样的塑有童子形象的青花小盆，在制作时应该批量不小，造型各异。图6-20就是一件青花童子方盆，童子的造型和上图完全一致，从图6-21青花童子的特写图片上可以知晓，童子是形模统一制作后，分别贴敷在不同形状的盆子上。图6-22显示青花童子方盆的底款也是“五良大甫吴祥瑞造”。由此可见，日本制瓷艺人在景德镇学习了中国的陶瓷制作技术后，并没有墨守成规，而是有着自己的创新，能结合日本民族文化制作出带有浓郁日本情

图6-17　青花童子尖盆

图6-18　青花童子

图6-19　青花童子尖盆的底款

图6-21　青花童子

图6-20　青花童子方盆

图6-22　青花童子方盆的底款“五良大甫吴祥瑞造”

调的瓷器。这类瓷器不知日本国内是否还有遗存，这不仅是中日陶瓷文化交流的见证，也是日本陶瓷文化创造力的见证。

4.染付瓷

日本陶瓷虽然是在中国人的指导下由中国传入的技术制作生产的，但它一开始就可能不是从最原始的烧制技术着手，绕过了陶瓷生产的初始阶段。如伊万里窑瓷器从一开始就就直接以“染付”技术绘制纹样了。所谓“染付”技术，是日本陶瓷界对中国青花技术的称呼，即用青花料进行彩绘。用青花钴料绘画被称为“染”，“付”就是纹饰，所以“染付”就是用青花料绘制纹饰。日本陶瓷界把中国明代天启年间生产的青花瓷器称为“古染付”，可见他们对中国青花瓷的推崇。图6-23就是江户锅岛窑烧制的青花

图6-23　江户锅岛窑烧制的青花透雕瓷盘

图6-24 江户末期烧制的铁绘纹水缶

图6-25 明治时期的茶壶

透雕瓷盘，不仅青花绘制纹样，发色也和中国的瓷器接近，而且还使用了透雕技术，足见日本陶瓷在中国陶瓷技术的影响下所具有的创造力。当然日本陶瓷的烧制从江户至明治时期也在烧制青釉瓷器，但其进步是十分明显的，图6-24是江户末期烧制的铁绘纹水缶，其釉色不均，杂有芝麻点，修胎不平整，露出轮制的痕迹。而明治时期生产的青釉瓷器，如图6-25的明治时期茶壶，无论其釉色、釉面还是修胎的状况，都有了长足的进步。这就说明，日本陶瓷界在学习中国陶瓷技术的同时，也在不断总结，不断提高。

5.九谷烧

明治时期的九谷烧花口钵就是日本制造技术进步的典型（图6-26）。所谓九谷烧，是指加贺大圣寺的初代籓主前田利治命其家臣后藤才次郎，在相当于明代的万历年间于深山间的命为九谷的村庄所设立的窑口，其所烧瓷器都为彩瓷，在釉下青花上绘制铁红和金色的面釉，纹饰则是花卉和几何图案的组合，这种以釉色浓重图案富丽的瓷器引得欧洲客商的广泛欢迎。但其强烈的色彩和中国釉上彩瓷器相比，却浓重有余，晶莹不够，釉面色彩有时显得混浊无光，上图的花口钵应该是九谷烧的精品，但也兼具上述的特色和不足。

图6-26　明治时期的九谷烧花口钵

6.伊万里窑

日本的彩瓷烧制成功的还有伊万里窑的“染锦”。这种把釉下青花和釉上赤金（在日本称为“锦手”）相结合的瓷器，把日本当时流行的丝绸染织图样再结合日本社会生活的故事图案，用釉下彩和釉上金结合的方式，制作了相当华丽富贵的瓷器，图6-27为18世纪日本伊万里窑烧制的一件精品——青花红彩描金昭君出塞图碗，日本各大窑口在制作瓷器时经常把中

图6-27　18世纪日本伊万里窑青花红彩描金昭君出塞图碗

国的传统故事作为纹饰图案，足见两国文化交流的广泛性。伊万里窑瓷器多数是为适应日本大众需要而生产的，像这类的精品为数不多。

7.地图瓷

最具创造精神的当数日本制作的地图瓷，它融地图制作和瓷器制作于一身，在陶瓷界和制图界都创造了独一无二的实用而又艺术的珍宝，要是没有海捞瓷，要是当初从中国运往日本的过程中平安到达，这样在制图技术上史无前例的瓷器，就不可能在中国被发现，它们的身世之谜还有可能被忽视。

青花瓷器是中华文化对世界陶瓷艺术的创造，而这种创造，又被用来制作地图，这更是一个奇迹，这类奇迹就出现在被打捞出水的日本式瓷器上。请看图6-28日本青花地图碗，这就是一件印上地图的青花瓷器。蓝底白花，一个又一个地名出现在碗的碗心，清晰而又湛蓝。仅仅看到碗心上的这些文字，似乎很难判断这究竟是那个国家的地图。由图可知，它的青花描绘技艺明显是学习清代雍正时期的过技手法，即把内外壁的纹饰图案翻过口沿连成一起，这件碗的地图就是翻过碗的口沿连成一片。碗的底足上用楷书书写有“天保年制”四字（图6-29）。“天保”

图6-28 日本青花地图碗

图6-29 碗底

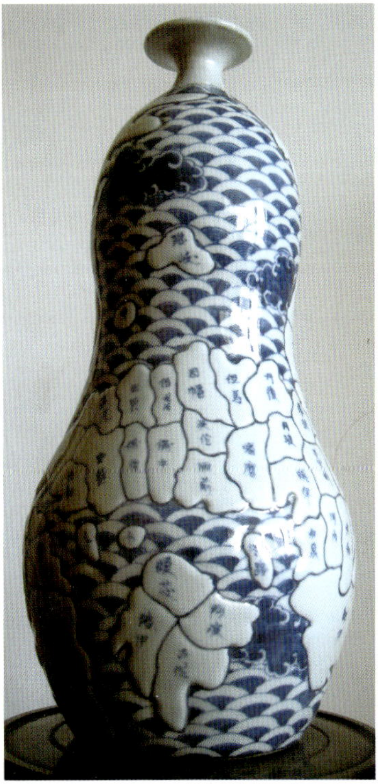

图6-30　日本青花地图纹葫芦瓶1

图6-31　日本青花地图纹葫芦瓶2

图6-32　葫芦瓶上地图纹饰的展开图

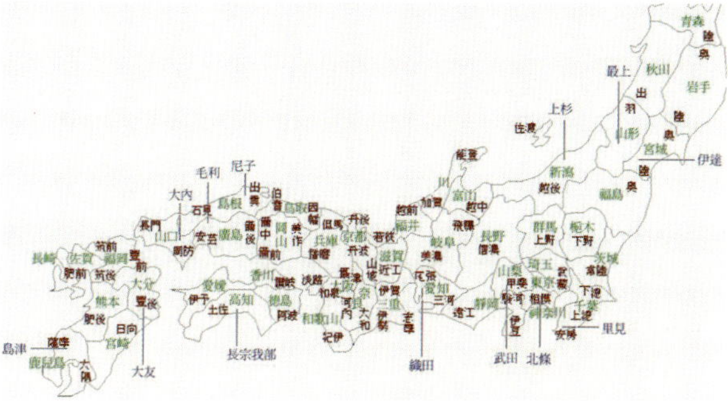

图6-33　日本战国时期各藩国的地理位置图

（1830—1843）为日本江户幕府时期的天皇年号，相当于中国清代的道光（1820—1850）年间，而这件青花地图瓷碗的发色也和清代道光年间的景德镇制作的青花瓷器发色相似，这样的瓷器明显为清代中期道光年间景德镇窑的产品。这样的地图碗，打捞出水时数量不少，可能是当时景德镇生产后成批出口日本。

碗上的地图较难看清图的形状，而图6-30日本青花地图纹葫芦瓶因地图绘在瓶的外壁，就能展开拼接成一幅比较完整的地图，图6-31是这件日本青花地图纹葫芦瓶的另一侧，把类似的地图瓶的各个侧面连续拍摄，就能拼接成比较完整的日本地图，图6-32就是这件葫芦瓶上地图纹饰的展开拼图。稍微有点亚洲地理概念的读者都可以判断这是一幅日本地图，阅读这件葫芦瓶上的拼接图，收藏者一开始大吃一惊，他以为这肯定是一件赝造品，因为在图中，他发现了某个区域的名称居然写着“河内”两字。越南的首都怎么会跑到日本的地图上来呢？但是，他又实在喜欢这种把地图印在瓷器上的创意，再加上瓷器蔚蓝的色彩十分讨人喜爱，收藏者没有轻易地放弃，他把这幅展开拼接的天保年间瓷器上的地图和日本战国时期各藩国的地理位置图（图6-33）进行比较，不仅发现了日本古代地图上也明显有着“河内”的地名，显然“河内”实际上也是日本某个地区的名字。而且还看出，瓷器上的地图和绘制的日本古地图如出一辙，各个县治的方位基本一致。首先，两者绘制的基本上都是日本四岛中的最大岛本州岛的地图；其次，虽然瓷瓶上的展开地图比较平坦，不如纸本上绘制的地图北高南低的弧形，但观察葫芦瓶上的实际布局，仍能看出这种北高南低的弧形；第三，两个地图的最西边都是同样的地名，即“长门”和“周防”，而最南端都是“纪伊”，最北面则同样是“能登”，而最东面靠近北海道的同样也是“陆奥”，由此可见，天保年间日本式葫芦瓶上的地图，就是日本战国时期的实际地理形势图。

是谁要把当时的地图绘制在瓷器上呢？又是谁把这样的地图绘制到瓷器上呢？又是谁提供这些地图的原始绘本呢？这些地图瓷器的生产数量究竟有多少呢？它究竟是官方行为还是民间行为？它和当时的日本政治形势有关联吗？它们是全部沉没海底还是更多的当时已经运抵日本呢？日本国内还保留着这些日本地图的瓷器吗？中国国内的博物馆陈列或者在库房中发现过这些日本地图的瓷器吗？

简单介绍了海捞和外销的日本瓷器或者说日本式瓷器，它不能反映日本瓷器的全貌，却已经提供了许多中日两国瓷器史上的谜，这样的谜或许还有很多，如图6-34拍摄于2007年5月3日，是在上海规划展示馆中举办的日本藏品展中的一件展品，它标明为明万历景德镇粉彩茶壶。如果这一类景德镇窑生产的输往日本的茶壶，真的是万历年间的粉彩，它也将改写中国陶瓷的历史。因为按照习惯的说法，粉彩工艺出现于清代，而最新的研究又说明它本来应该叫“洋彩”。

图6-34　明万历景德镇粉彩茶壶

谜！历史之谜！

海捞瓷或许能解开许多谜底！

①甘雪梨：《中国外销瓷》，东方出版中心2008年版，第122页。

②2007年5月在上海规划馆举办的“日本收藏家藏品展”中的说明。

七　海捞的欧式瓷器

中国生产的欧式瓷器，很久以来一直不被国人所了解，直到20世纪的80年代，国内才开始关注这些我国古代出口至欧洲的主要是景德镇窑生产的瓷器，或者是在景德镇烧制瓷坯再由广州等地彩绘的瓷器。一些关于这类瓷器的专项展览分别在北京、上海和广州的博物馆中展出（图7-1），也有个别的博物馆把这些欧式瓷器作为中国清代的瓷器放在常设的展览中向公众展示。遗憾的是，至今国内还没有哪一家博物馆辟有我国外销欧式瓷器的常设专题展览。图7-2就是江苏扬州博物馆常设展中的欧式瓷器，这件标明为清代雍正粉彩瓷的外销瓷，其画面基本还是我国传统的纹饰图案，但盆口有一个凹缺，常常使参观者莫名其妙，不知究竟是损坏以后的修补还是盆口原本如此。展出时把这件器物说明为“清雍正粉彩人物接水器”，虽

图7-1　上海徐汇区图书馆展出的清代出口的外销瓷

图7-2 江苏扬州博物馆展出的清代雍正粉彩瓷的外销瓷

然对它的用途作了一个直白的解释，但还不能让观众对其有一个完整的了解。其实这是一件出口欧洲的欧式器物，是让上流社会男子在刮胡子接水所用。这种为适应西方社会生活习俗而生产的欧式瓷器，如果不对我国外销瓷和海捞瓷有一个全面的了解，就很有可能被认为这是一件臆造的现代瓷器。

如前所述，这种欧式瓷器，是我国工业生产中最早的来样加工的实物资料，这不仅是我国古代陶瓷工业发展的见证，更是中外文明交流的载体。这种文明交流和文化的交汇，一直受到欧洲社会的重视，而这些作为文明载体的中国外销瓷，不仅在当时受到欧洲社会的普遍欢迎，在今天更是会受到国礼的待遇。2006年，当瑞典仿古的商船“哥德堡三号”复航广州时，瑞典国王就将1906年从“哥德堡号”打捞出水的我国清代乾隆制作的完整青花斗鸡图盘，作为国礼赠送给当时的广州市市长张广宁先生。图2-2就是这件作为国礼的外销瓷器，它在海外经历二百多年的传奇沧桑后，现在被收藏在广州市博物馆中。

欧式瓷器和克拉克瓷既有相似之处，又有不同的地方。首先它们都是用来外销的我国古代瓷器，从年代上讲，克拉克瓷生产于明末清初，而欧式瓷器生产于19世纪，即清代中晚期。其次，从器型上来讲，两者虽然都以盘类器型为主，但克拉克瓷一般都是圆盘，没有椭圆的盘子，而欧式瓷器中的盘类不仅多圆盘，也有不少椭圆形的盘子，更有甚者，后者还出现了中国从未有过的器型，比如已经介绍的雍正接水器。第三，从制作工艺上来讲，克拉克瓷和欧式瓷盘，即使都是圆盘，前者为典型的中国式盘子，盘腹浅，盘壁斜，有胎接和模压两种方法制成。而欧式的盘子，盘腹深，盘壁直，都为压模制作，故器型规整，大小划一，容易生产整套的餐具。第四，从纹饰图案上分析，两者虽然都出现了中外文化碰撞交融的火花，但克拉克瓷基本上还是以中国传统文化的图案为主，而欧式瓷器的图案，不仅有中外文化相互影响的范例，更有因外国客商要求而专门制作的纯粹欧洲文化的纹饰，典型的如外国贵族家族纹样和天主教的宗教图案。第五，克拉克瓷主要以景德镇窑系釉下青花为主的瓷器，而欧式瓷器则以景德镇烧坯广州画彩的过程生产的俗称“广彩”的瓷器为主。

所以说，我国清代生产的欧式瓷器，是和早期克拉克瓷既有联系却有着明显差异的瓷器。

香港艺术馆展出的一件我国17世纪青花运茶图碟，其盘沿的纹样已经有明显的西洋风格，而盘心却是我国茶叶外销的图案（图7-3）。画中上方画的是买卖双方隔着柜台正在进行结算，而画的下方是伙夫们将一担一担茶叶扛上运输的船只。从画中人物所扎的长辫来看，明显是我国清

图7-3 香港艺术馆展出的青花运茶图碟

代的装束。茶叶和瓷器是我国古代最重要的两种出口商品，用瓷盘上绘画的形式，把两者有机地结合起来，生动地再现了我国古代外销产品的场景，实在是匠心独运的艺术杰作。而这件运茶图盘的盘沿，虽然不是一目了然的开光图案，但所绘纹饰却有着明显的几何轮廓，这无疑是一件典型的克拉克瓷。

图7-4是一件欧式的清雍正青花描金抹红柳亭纹盘，其纹饰虽然还是中国传统的山水图案，但装饰风格明显的已经欧化，其盘沿边缘的纹样带有欧式风情。从图7-5的柳亭纹上可以看出，即使是中国山水亭台楼阁，其传统画意中已经出现西方绘画的装饰技法。而这件瓷盘，其压模制作的痕迹十分明显。

图7-4　欧式的清雍正青花描金抹红柳亭纹盘

把图7-3和图7-4作一比较，就可以领略克拉克瓷和欧式瓷器的异同。

对我国18世纪出口的欧式瓷器进行比较研究，就会发现，在那个时期，文明交流的变化首先出现在文化领域，而我国最强劲的出口商品陶瓷却是这种交流变化的最直接最广泛而又最容易被接受的载体。虽然我国对外文明交流的历史源远流长，但是，受着西文工业革命的成功，这种交流，已经不是中华文明的强劲输出，而是随着西方产业对市场的渴望和利润的追求，变得越来越逆向进行，这种逆向进行的交流首先必然出现在文化领域，出现在文化载体上，而我国输出的陶瓷产品就是这种逆向交流的最好载体，它及时地也是最为敏感地得到了充分反映，带有明显象征意义的服饰、族徽及至宗教纹饰图案，都已经频繁出现在中国出口的瓷器上，这种西文符号的浸润是潜移默化的，随之而来的必然是传教和西方产品的大量输入。而当时自以为是的清代政府还做着中央帝国的美梦，不能也不可能对这种文明交流的些许变化作出及时而应对得当的反应，那么政治和军事的逆向变化就不可避免了。

图7-5是一件广彩仕女图盘，其器型已经摆脱中国传统的圆形，但是纹饰图案却依然是中国传统的仕女。器型的变化说明在生产什么产品的要求上，中国的生产商已经减少了话语权。圆是最能体现中国传统文化中庸思想的造物，它寄托了中华文化追求和谐的美好愿望，而椭圆形器物的出现，不可能是中国陶瓷艺术追求变化的产物，只能是外来文化的特殊要求。当中国陶瓷能以自己的美学理念征服世界时，外国客商不可能在器物造型上提出自己的特别需求，一旦这种特殊需求的提出，一定是西方文明有了更为强势的

图7-5　广彩仕女图盘

图7-6　青花欧女图盘

追求，而中国陶瓷艺人却依然顽强地在这种外来器型上绘上传统的中国图案，两种文明就是这样表现自己的顽强。

图7-6的青花欧女图盘是江西博物馆征集的一件欧式瓷盘，其器型虽然还是圆形，但却明显为压模制作，盘腔较深，和中国传统的圆盘有了一定的差异，而其图案却是一个典型的西方贵族妇女，无论其头型的发式还是露肩的服饰，都不可能是清代的贵妇。器型的渐变和图案的完全西化，充分说明了在传统陶瓷器物的出口上，外来文明的影响已经越来越明显。

变化是明显的，从欧洲对中国瓷器的迷恋，把它们视作神秘的宝藏，到把这些世人珍爱的艺术品视作地位的象征，再到作为日常使用的奢侈品，以致影响所有社会阶层，使得欧洲社会对中国瓷器的需求越来越大，进口中国瓷器就是一本万利的事情了。这样，欧洲商人就会云集中国的沿海口岸，对中国瓷器的出口提出产量、品种、质量、纹饰图案和器型大小的要求。相应的，中国随之也出现了一个新兴的社会阶层，就是后来被称为“买办”的商人，这些专门从事对外贸易的商人就在中国的沿海口岸产生了，其中最为著名的就是广州的“广东十三行”。

梁嘉彬先生在《广东十三行考》中说：道光年间“洋行对外，本以湖丝、东叶、大黄、磁器等物，与棉花、洋米、大呢、羽毛等物相易，中国之货有余，外人之货不足，每年外人应补中国银价数百万至千万两。”[①]可见中国出口商品之盛。巨额的贸易逆差，导致洋人以鸦片的输入来抵充。这种有形的入侵是显而易见的，而为了适应欧洲社会对瓷器的特殊要求，中国瓷器在器型和装饰风格上的变化，既是中国工匠制瓷水准的象征，更是文化逆向输入的象征。大量的出口瓷器以从前从未有过的数量、样式和装饰纹样被订制，以致中国的瓷都景德镇都不能适应这种巨量而又变化迅速的需求，特别是纹样的要求，而广州聚集的大量西洋客商以及和这些客商广泛接触的各类人士，特别是画师，所以，出口瓷器的生产程序发生了变化，改为在景德镇生产瓷器白坯，再在广州按外商的要求绘制特殊的纹饰图案，“广彩”瓷器就应运而生。

由此可见，所谓“广彩”是中国对外贸易发展的产物，是深受西洋文化影响的中国生产的欧式瓷器，从生产地点和生产工艺上来说，它是在广州进行彩绘或在广州绘制织金彩，是我国清代陶瓷艺术繁褥华丽的典型。广彩自清代康熙年间生产以来，至今已有三百余年的历史，以其“绚彩华丽，金碧辉煌”而闻名于世，在当时就深受海外收藏家的喜爱，影响所及，现在也开始引起国内收藏家的关注。

图7-7　关联昌在广州设立的庭呱画室

当时，我国一些画家为了适应广彩的生产，在广州开设画室，专门绘制广彩瓷器，著名的有关联昌的庭呱画室（图7-7）。关联昌即庭呱，是19世纪中叶广州著名的外销画家，在广州同文街16号设立了名噪一时的庭呱画室，图中真实地描绘了当时外销画室的布置和画师们流水作业、共同完成一幅作品的情形。

在广彩瓷的大量出口中，广州十三行成为中国早期对外贸易的佼佼者。广州十三行行商中最富有的是同文行和同孚行的潘家、广利行的卢家、怡何行的何家和义成行的叶家，人称“潘卢何叶”。同文行创始人潘振承，洋人称他为潘启官，18世纪晚期就成为中外商行公认的领袖，累计资产2000万两白银。而最为富有的当数怡何行的伍秉鉴，他是当时世界上首屈一指的富翁，拥有白银2500万两，他被外商称为“浩官”，其商行在清代对外贸易中占有很大的份额，以致当时美国的一条商船下水时，也以他的尊号命名，被称为“浩官”号。

这些商行出口的瓷器，既有中国的传统式样，更有众多的欧式瓷器，迄今还大量留存于世界各国，在欣赏这些精美瓷器的同时，收藏家一定要注意它们的巨额存世量，以免被过分的渲染而导致过高地估计这些瓷器的市场价格。

中国外销的欧式瓷器，或者说华丽的广彩瓷器的大量存世，不仅是当时欧美社会的旺盛的需求，也在于它采用了先进的生产工艺即模压成型的制瓷技术导致产量大增，更在于当今各大古玩市场和展览中出现的数量。如果读者仅仅把眼光局限于拍卖市场，被它诱人的色彩和拍卖公司刻意的宣传所迷惑，可能接受过高的价格而后悔。图7-8是香港某个古玩展销上的广彩瓷器，图

图7-8　香港古玩展销上的广彩瓷器

图7-9　古玩展销上的外销瓷

7-9是同一个古玩展销上的外销瓷，它们就被展销商排列在搁板上等候着新的主人。图7-10是成套的欧式瓷器在展览，它们既见证了出口时的盛况，也说明了数百年后的落寞。当它们成批成批地出现在展销会上或者展览会中，聪明的收藏家一定会对他们的市场价值作出正确的定位。恳请读者认识这些外销欧式瓷器的市场价位，并不等于轻视它们的艺术价值。无论是它们所采用的开光、对称和釉下彩及釉上彩的结合的装饰技术，还是它们的纹样图案，都闪耀着我国古代陶瓷艺人善于把传统文化和外来文化融汇贯通的聪明才智。

图7-11是一件清道光青花梧桐山水暖盘，它的青花纹饰是外销瓷中传统文化的典范。梧桐山水青花纹饰是外销瓷中常见的纹饰，其创作灵感来

图7-10　成套的欧式瓷器

图7-11　清道光青花梧桐山水暖盘

自于唐代王勃的《滕王阁序》，这是一幅传统的山水画，图中的亭台楼阁、流水泛舟、山峰河边、柳树梧桐，巧妙地组成江南景色，当时就深受仰慕中华文化的欧美人士喜爱。这种梧桐山水青花的装饰纹样，在现代瓷器中还能经常看到，可见其强劲的生命力。

图7-12清乾隆青花开光广彩瓶的纹样也是中国的传统图案，只不过在青花装饰技法上增添了广彩，并把广彩图案放置在开光的几何形中，画面上是典型的中国家庭图，图中家庭成员其乐融融，一派和睦景象。

图7-12　清乾隆青花开光广彩瓶

图7-13是一件广彩开光人物六棱瓶，器型还是中国的传统造型，立件中这类六棱瓶比圆器更难制作，因而它的艺术价值和市场价位当然高得多。器身上下开光，也是中国的传统山水图案。这种清代早期的广彩瓷器，从器型到纹饰，大都还是中国传统的风格，这是一件乾隆时期的作品，这一点对于广彩瓷器的年代鉴定是十分重要的。

图7-14为清康熙青花矾红描金莲花纹盘，巩红工艺的采用，使这类出口瓷器的色彩越发鲜艳，也越发洋气，配上西洋风格的花卉，使

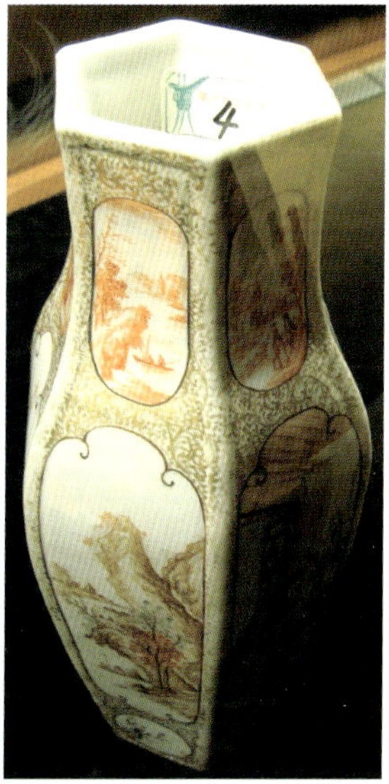

图7-13　广彩开光人物六棱瓶

图7-14　清康熙青花矾红描金莲花纹盘

得出口瓷器的身份十分确定。这类瓷器的纹饰已经相当现代，再加上强烈的折光可能被误认为贼光，就容易被看成现代仿品。

图7-15是清乾隆广彩开光人物纹海棠形瓶，这件瓶子集众多陶瓷制作和绘画工艺于一身，是一件匠心独用的古代艺术品。整个瓶身呈海棠形，器口外撇，粗直颈，腹呈球形，底足外撇。器表贴塑缠枝花卉，并涂以彩绘，瓶颈有一长方形开光图案，内绘仕女儿童，瓶腹亦有一开光椭圆图案，画有园林亭阁，内为四女一童，右下一女手捧顶

图7-15清乾隆广彩开光人物纹海棠形瓶

图7-16　清乾隆
青花山水镂空盘

戴，似为引导孩童读书求仕的意境。这种集贴敷、彩绘、开光和描金等工艺于一身的广彩瓷器，是乾隆年间难得一见的佳作。

图7-16是清乾隆青花山水镂空盘，这种镂空的盘子，应该是外商要求的设计，和前面介绍的日本九谷烧瓷器有一定的关联。但盘心依然是传统的中国图案，当欧美家庭用着这种欧式盘子，观赏着中国山水和人文景观，别有一番滋味。

从图7-11至7-16的六件我国清代外销瓷中，可以了解，这些瓷器几乎包括了我国陶瓷工艺的各项成就，无论是彩绘装饰，还是贴塑工艺，无论是开光绘制纹样，还是透雕展示器型，都使这些出口的瓷器美仑美奂，赢得了世界各国特别是欧美人士的喜爱，成为我国相当时期以来出口的主打商品。同时，在出口的外销瓷上，出现了众多的外国订货商要求而绘制的纹样，他们或者是西洋人物，或者是外国风景，或者是外国旗徽，甚至是外国神话。鉴赏这些图案，对于了解我国外销瓷，特别是对于鉴定这些传世或者出水的瓷器，都有着极其重要的作用，因为它们或许都是我们闻所未闻见所未见的瓷器，不了解它们，就很有可能把它们判定为赝品和臆造品。

要想看18世纪欧洲的风景吗？遗憾的是照相技术要到19世纪才被发明，我们只能在欧洲的绘画上观赏几个世纪前的异域风光，不过，聪明的中国绘画师，已经在中国的出口瓷器上为欧洲人留下了他们祖先的风光。不知这样的风景画是外商的要求，还是中国画师的创造？在清雍正年间的的出口瓷器上，就绘着欧洲的景色（图7-17）。尖顶

图7-17 清雍正广彩描金欧洲景物图盘(局部)

图7-18　清青花徽章图盘

图7-19　清乾隆广彩徽章纹盘（局部）

图7-20　清乾隆广彩希腊神话纹盘（局部）

的城堡、十字架的教堂、平整的河岸和栅栏，手拿拐杖的绅士和推滚酒筒的仆人，红绿相间的花卉树木，把18世纪欧洲景色描绘得栩栩如生。这种不会褪色的风景画，让人永远记住这静谧的欧洲乡村。

想记住古老欧洲家族的族徽吗？图7-18就是清代出口的青花徽章图盘，它一定是某个显赫家庭的族徽，用青花这种永不褪色的工艺使家族的荣耀留下永远的记忆。出口的广彩瓷也深深地印上了欧洲贵族的烙印，图7-19清乾隆广彩徽章纹盘，就把这些曾经被这些贵族家庭引以为傲的家族记号，永久地烧制在就餐的盘子中，让每一个就餐的子孙记住这家族的荣耀。只是不明白，瓷盘中的人物形象却被烧成黝黑的人影，究竟是呈色剂的使用失误还是徽章图案提供者的失误，这恐怕不能究其根本了。

想了解古希腊神话吗？中国的出口广彩瓷器也可以提供实证的形象。图7-20清乾隆广彩希腊神话纹盘，赤身露体的男女形象，一定会羞得乾隆时期中国的男男女女闭上眼睛，骂一声不知廉耻。真不知道乾隆时期广州的画工居然有这样的胆量画上这些在中国大逆不道的图画，也真不知道当时广州的衙门是毫不知情还是眼开眼闭，但如果把这样完全不符中国当时国情的画作，看作是现代赝品，那只能是鉴赏者的无知了！人体美的艺术，是没有国界和年代的，中国古人同样能制作和欣赏人世间美好的艺术，包括人体艺术。

当然，对女性的爱慕，特别是对少女的倩影的仰慕，是古今中外不少画家创作的灵感。图7-21清代西洋少女图盘，把林间草地上休息的盛装少女，活龙活现地展现在世人面前，从帽饰到裙摆，典雅而优娴，前面的花蓝，也许真是少女采撷的心血，把它奉献给心仪的爱人还是长者，只有画中的少女自己才能给出的答案。这样的欧洲中世纪画作由中国陶瓷艺人创作，不能不说是中外文明对美好事物的共同追求。

这应该是美国客商的订货了，在图7-22清末广彩鹰旗图盘上，两面对称排列着中国和美国两国

图7-21　清西洋少女图盘

图7-22　清末广彩鹰旗图盘（局部）

图7-23　清青花山水柳亭纹奶壶

的国旗，星条旗和龙旗相互辉映，中间是美国的鹰徽。在图中明显可以看出，这时的美国星条旗上，还没有现在这么多的星星，说明当时的美国其治下的州还没有超出12个，或许这仅仅是象征的数字，但却明明白白地说明，美国的国土还没有现在的规模。把中美两国的国旗并列，是美商的授意还是中国陶瓷艺人的心思，都已经无关宏旨了，中美两个伟大民族的友好相处已经有着悠久的历史。

欧式的奶壶，中国的纹饰，当品味壶中的奶香，就是品味中外文化的交汇，图7-23清青花山水柳亭纹奶壶，使这种品味更有意韵更值得回味。

欧式广彩瓷器的需求是大量的，整套整套瓷器的出口，可以为大清帝国换回大把大把的白银，图7-24广彩人物纹整套餐具在当时的出口数量是巨大的，而每套餐具的数量多达110件之多，当今许多展出足以证明了当时的出口规模，可以认为，在现代的不少欧洲家庭中，这样成套的中国清代出

图7-24　广彩人物纹整套餐具

口广彩瓷器还整箱整箱地静卧在主人的地下室呢，等待着拍卖公司或古玩商店来忽悠富起来的中国人，它们能不能为这些欧洲家庭带来财富呢？

当数百年前，欧洲先民们掏出大把大把的银子购买中国的瓷器时，他们万万没有想到，几百年后，刚刚富裕的中国人也会掏出大把大把的人民币，去买回祖先卖出去的东西，世界真的应该这样风水轮流转吗？

①梁嘉彬：《广东十三行考》，广东人民出版社1999年版，第206页。

八　海捞瓷的鉴别

2005年年底，一批在海底沉睡了数百年的海捞瓷首次登陆中国内地拍场。200多件拍前的预估价仅为100万元的拍品总成交额达2727万元，而成交率高达92.05%。在北京嘉德拍卖公司成功举行海外海捞瓷的拍卖后，北京的轲尔多拍卖公司相续跟进，其2006春季拍卖会的海捞瓷，总成交额2439.25万元，成交率达68%。相对较高的成交率，相对便宜的价位，使得海捞瓷很快就成为收藏界的热点。2005年上海古籍出版社所出版了广州博物馆所编的《海贸遗珍——18～20世纪初广州外销艺术品》，2006年广西美术出版社也出版了钟森主编的《清代外销青花瓷》，2009年北京科学出版社出版了中国广西壮族自治区博物馆、中国广西文物考古研究所、越南国家历史博物馆联合编辑的《越南出水陶瓷——海上丝绸之路遗珍》，这些书籍为读者提供了不少外销瓷和海捞瓷的知识，使收藏界对外销瓷和海捞瓷的认识逐渐加深。特别是这些书籍对外销瓷和海捞瓷的器型和纹饰有了相当的介绍，一些有识之士纷纷远赴海外或在国内的海捞瓷专场拍卖会上，追寻海捞瓷的踪迹。

但是，对于海捞瓷的鉴定，仅仅这些知识是远远不够的，认识海捞瓷，由此而认识我们尚未知道的陶瓷世界，需要用更多的知识来解读海捞瓷，解读尚未认识的中国陶瓷史之谜。解读海捞瓷，不仅需要陶瓷知识、历史知识、文化知识，也需要物理学、化学甚至生物学的知识，破解海捞瓷的真伪之谜，对于认识中国历代陶瓷，认识中国陶瓷史，认识古代中国和世界的交往史，都会有极大的帮助。而对于收藏或进行艺术品投资的个人来说，认识海捞瓷的真伪，也是应该掌握的一门知识。

问题是我们在拍卖公司看到的海捞瓷，都是清洗干净的海捞瓷，其表面的光洁程度，甚至比传世的瓷器还要亮净。在博物馆看到的海捞瓷，比如福建省博物馆展出的康熙海捞瓷，其釉面闪亮，很容易被误认为现代瓷器。虽然博物馆中也陈列一些尚未完全处理的海捞瓷，但一般也经过冲洗，而失去了它的原始状态。即使在收藏市场上见到的一些海捞瓷，表面虽然有些泥沙，但也被小贩们稍作处理，而失去了它刚出水时的本来面目。所有这些经过处理的海捞瓷，对于我们认识海捞瓷的真伪，都带来了不便。

当我们徜徉在各地的古玩市场时，在一些不知姓名的“熟人”手中观赏出水的海捞瓷时，拍下了许多照片，特别是一些还没有处理过的海捞瓷，它们的原生态，它们表面的各种附着物，显示了海捞瓷的许多特征，这些特征可以为认识真实的海捞瓷提供鉴定的标准。

海捞瓷的许多不同，海捞瓷的许多特征，这些不同和特征，就是区别海捞瓷和传世瓷器、出土瓷器甚至仿造的海捞瓷的标志，而这些特征和标志，不仅要观察处理过的海捞瓷，更要观察原生态的海捞瓷，才能领悟其真伪的本质。

出水海捞瓷的原生态，一般有以下四种情况，当然这四种情况不是清一色地单独存在，而是彼此相互关联互有渗透，因此应该辩证地看待下面的分析。其实从所列的图片上就可以看出没有清洗的海捞瓷表面的附着物是错综复杂的，有沙有泥也有海生的贝壳。这种原生态的海捞瓷，其表面的附着物和沉没船只所处的海底深度、海底环境和在海底的沉没时间有关，出水时海捞瓷表面附着物可以分为不粘或少粘泥沙、粘沙海捞瓷、粘泥海捞瓷、珊瑚海捞瓷，这些海捞瓷的表面都或多或少地分布着海底生物。这四类海捞瓷有着各自的特征，区别这些特征，不仅是可以研究沉船的海底深度，更可以寻找区别真伪海捞瓷的特征。

1.不粘或少粘泥沙的海捞瓷

出水时不粘或少粘泥沙的海捞瓷，一般来说比较少见。可以说，绝对不粘海沙或海泥的海捞瓷是没有的，如果出水时马上清洗，有的海捞瓷就会显得比较清洁而露出晶莹的釉面。图8-1是一件还算干净的清康熙青花将军罐，这是粘沙比较少的海捞瓷。在拍卖市场上完全不可能出现这样的瓷器。

图8-1　清康熙青花将军罐

2.粘沙海捞瓷

所谓粘沙海捞瓷，一般来说指在水深较浅的海域的沉船中打捞出水的瓷器。

这是最容易被渔民发现的沉船，也是市场上最多的海捞瓷器。其明显的表面特征就是瓷器表面的附着物为沙，间有一些半年生或一年生的海底生物（图8-2），在较浅海域出水的瓷器，其表面的附着物一般为沙，较少为泥，不管这些海捞瓷的表面附有的是沙或者是泥，其附着物相对比较容易清洗。

图8-2　粘沙海捞瓷内的海底生物

表面粘沙的海捞瓷在出水时，虽然表面也能发现水浪痕迹，如图8-2所示，但清洗后，这些痕迹不经仔细观察，很容易疏忽。有一些拍卖公司的珍贵明早期瓷器的拍品，如果仔细观察也能发现上面的些许出水痕迹，这些瓷器送上拍台，送拍者和拍卖公司往往不愿表明这是海捞瓷器，以图拍得高价。

“碗礁一号”就是一条浅水沉船，它是2005年6月被我国福建省渔民在平潭碗礁附近捕鱼时意外发现的一条清代康熙年间的沉船，沉没在海底14米处。同年的7月6日，国家文物局批准对沉船进行抢救性发掘，并命名为“碗礁一号”。“碗礁一号”沉船发掘共收获了16000件瓷器整器和碎片主体，大部分瓷器为青花瓷器，色泽优雅，胎质匀实，无官窑款识，都是康熙年间景德镇民窑精品。

前文介绍过的越南1975年发现的建江沉船，沉没在海面下10米，船只和船上的货物都埋在海下沙子与珊瑚里。因是浅水沉船，当时的越南船民就纷纷打捞船上的瓷器，共出水1000多件陶瓷器，都是泰国宋加洛窑产品。

3.粘泥海捞瓷

所谓粘泥海捞瓷，是指在较深海域的沉船上打捞出来的瓷器。和粘沙海捞瓷相比，它们的打捞成本比较高，在市场上出现的机率也就比较低，但

图8-3　表面附粘着泥水的深水海捞瓷

是，只要是有组织代价高昂的打捞，打捞出来的粘泥海捞瓷器往往数量多，精品也不少，但因表面有水印迹，其在市场上的价位往往表现出不同的起伏。

和浅水打捞出水的瓷器不同，深水打捞出水的海捞瓷表面既有附着泥沙的，更有附着海泥的，不管深水海捞瓷的表面附着物是泥沙还是泥，它们往往都比较难以清洗，而且有明显的水浪痕迹。图8-3就是表面附粘着泥水的深水海捞瓷，瓷器表面的水浪痕迹十分明显。有的深水海捞瓷表面完全被海泥粘满，以至根本看不清瓷器表面的纹饰，图8-4是表面全是泥的深水海捞瓷，瓷器左边的口沿处明显可以看出剥落的海生物痕迹。

图8-4　表面全是泥的深水海捞瓷

图8-5是表面附着海底生物的深水海捞瓷，因是一件堆塑的琢器，表面凹凸处附有大小不一的海底生物，显然这些生物把这件海捞瓷当作珊瑚礁了。

如前文介绍的越南头顿沉船就是一条深水沉船，沉入海底40米处。这艘沉船共出水瓷器6万多件，都为景德镇、汕头、德化窑生产的我国传统外销瓷器。

图8-5　表面附着海底生物的深水海捞瓷(局部)

我国的“南海一号”沉船，已经出水了数千件完整的瓷器，其中有德化窑、磁州窑、景德镇、龙泉窑等宋代著名窑口的陶瓷精品，品种超过30种，多数可定为国家一级、二级文物，估计整船瓷器在6万件以上。“南海一号”还出土了许多洋味十足的瓷器，从棱角分明的酒壶到有着喇叭口的大瓷碗，都具有浓郁的阿拉伯风情，显然为典型的出口外销瓷。这艘船沉在水下数十米处，打捞费用就花了上亿元，如今安置在相关的博物馆中，成为观赏海捞瓷的最佳去处。

4.珊瑚海捞瓷

所谓珊瑚海捞瓷指的是出水时粘满珊瑚沙的海捞瓷器。图8-6和图8-7就是这样的瓷片，它还保留着出水时的原生态，瓷片的正反面都沾有珊瑚沙。因为珊瑚是珊瑚虫分泌出的外壳，其主要的化学成分为$CaCO_3$，以微晶方解石集合体形式存在，因此图示的珊瑚海捞瓷片表面粘满白色的石灰状粉末。这种表面的附着的珊瑚物质，对瓷器表面的侵蚀相当厉害，因此，珊瑚沙附着的海捞瓷器清洗后其表面光泽比其他两类附着物的海捞瓷来得差些。

图8-6　粘满珊瑚沙海捞瓷片1

图8-7　粘满珊瑚沙海捞瓷片2

海捞瓷表面的三种附着状态，这是一种简单的分类，在实际海捞出水的瓷器中，情况相当复杂，多数海捞瓷器的表面呈现一种复杂的状态，有沙有泥甚至也有珊瑚，读者不能机械地理解这种分类。

5.海捞瓷特征

海捞瓷有许多特征，这些特征有的和传世瓷、出土瓷相似，有的和传世瓷、出土瓷完全不同，一般来说，它们之间的不同点远远多于相同点。不管是浅水海捞瓷还是深水海捞瓷，不管它们的表面附着物是沙、泥还是珊瑚，它们各自的明显特征是区别真伪海捞瓷的标志，也是区别海捞瓷和传世瓷、出土瓷的标志。

海捞瓷有那些特征呢？

海捞瓷的特征主要表现在海捞瓷的表面，以及由此而产生的釉面特征。

(1) 附着的泥沙

在介绍海捞瓷表面附着物时已经分析过，出水的原生态的海捞瓷表面会附着沙、泥或者珊瑚，或者二者以致三者的混合物。海捞瓷表面附着的沙、泥或者珊瑚，情况各异，它会受到各种因素的影响而呈现不同的附着情况。其原因一般可以归结为以下几点：不同海域的沙、泥和珊瑚的情况、不同海域海水的流动情况、瓷器在沉船中的位置、海水生物对瓷器的附着力、瓷器器型和瓷器表面釉的光洁和平整程度，其中以瓷器器型和瓷器表面玻璃质釉层的情况对附着的泥沙和珊瑚影响最大。盘、碗、盆类的圆器比琢器的器表泥沙要少，清洗也比较容易；瓷器表面的釉层烧结良好，釉层平整光滑，海捞瓷表面附着的泥沙就越少，或者就越容易清理。

图8-8　盘类器型附着的沙较少

图8-8就是一件盘类瓷器，在同样情况下，这种器型附着的沙相对较少；图8-9就是一件同时

图8-9　琢器的附着物稍多

出水的海捞瓷梅瓶，因是一件琢器，它表面的附着物相对稍多一些。图8-10和图8-11同样是梅瓶，器型基本相仿，都有较宽的肩部，但因沉水的深度不一，所处的海洋环境不一，所以表面呈现完全不同的附着状态。图8-10表面是泥沙混合物，有明显的水浪痕迹；而图8-11的表面则完全被泥裹住，只有瓶口处隐约可见器表的釉色，粗看还以为这是一件陶坯。这两件海捞瓷，沉海的区域可能有不同的沙或泥，但沉海的深度也不尽相同，前者沉水浅一些，后者则沉水深一些。

图8-12的瓷器釉面好，釉层厚，光洁润滑的釉层使得海底的泥沙附着少，十分容易清洗，所以清洗后釉面

图8-10　表面附着泥沙的海捞梅瓶

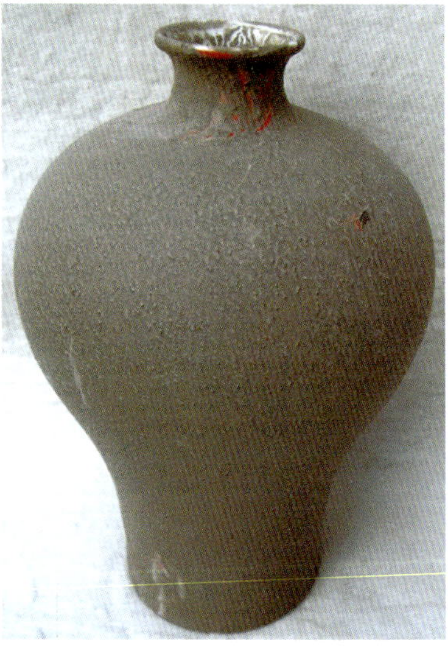

图8-11　粘满泥的海捞梅瓶

图8-12 釉面光润容易清洗

光亮如新，如同刚刚出窑一般亮丽可爱。这样的海捞瓷，十分受收藏者的欢迎。

（2）附着的生物

不少海捞瓷出水时表面会附着各种生物，有的收藏者认为，海捞瓷表面的生物是完全可以造假的，只要把新出窑的瓷器在海水里浸上数月，表面就会生成贝壳类的海生物。

这样的高见有一定的道理，也使很多人对海捞瓷望而却步，因此更多的人选择去拍卖公司选购自己钟爱的出水瓷器。

海生物真的十分容易在新出窑的瓷器上生存吗?

要回答这个问题首先要对海捞出水瓷器上的海生物有个正确的认识。我们先从事实开始，然后才讨论理论认识。

很简单，即使用新出窑的瓷器在海水里泡上数月，且不说是否真的能生成海生物，即使能有生物附着表面，那也一定是半年生的生物，除此绝无可能。而且，新生成的生物，一定带有明显的鲜活特征，只要经常在菜市场

图8-13 珊瑚海捞瓷片上的小海螺（局部）

上选择海鲜的读者一定会对这种海鲜有贴切的感受。而海捞瓷上的海生物一定是尸体或者是伴有大量尸体的海生物。

海捞瓷表面附着的海生物，一般都是贝类生物。全世界的贝类生物有12万种之多，其中绝大多数生活在海洋之中。要把它们搞清或者了解它们的生活习性和生长时期，不是一本海捞瓷著作承担的任务。但读者还是能分辨海鲜和尸体之间的差异，我们就用图来说话。

图8-13是表面附着珊瑚沙的海捞瓷片上的小海螺，海螺的壳也和珊瑚构成一样的白色，说明海螺的死亡时间已经很久。我们知道，贝壳的主要成分为95%的碳酸钙和少量的壳质素，这实际上和方解石的成分一样，都是碳酸钙，而珊瑚恰恰也是碳酸钙物质，因此死亡的海螺其壳体完全和珊瑚混成一色。在图8-14上密布着死亡的海螺，它和海泥一色，而泥的化学组成中也恰恰含有氧化钙，它们也是容易和贝壳掺和混为一体的。

刚出水的海捞瓷不仅会附着一种海生物，很有可能会附着多种海生物，图8-15器口的不同海生物和图8-16不同海生物尸体，就是明证。细心的

图8-14　海捞瓷器表面密布的海螺（局部）

读者一定可以在这两张图中看清贝壳类海生物和腔肠类海生物，这种多种海生物的混合尸体，不可能是新鲜出炉的仿品海捞瓷上出现的特征。

图8-17是一件海捞瓷器表面附着的蛤蜊壳，从它褐黄色的壳体可以知道这是一个已死亡很久的海生物，可能是出水时日很长，表面没有清理的缘故。图8-18是海捞瓷器底内的牡蛎，经常会在海捞瓷器物的内部发现牡

图8-15　器口的不同海生物（上图）

图8-16　不同海生物尸体（下图）

图8-17　海捞瓷附着的蛤蜊（局部）

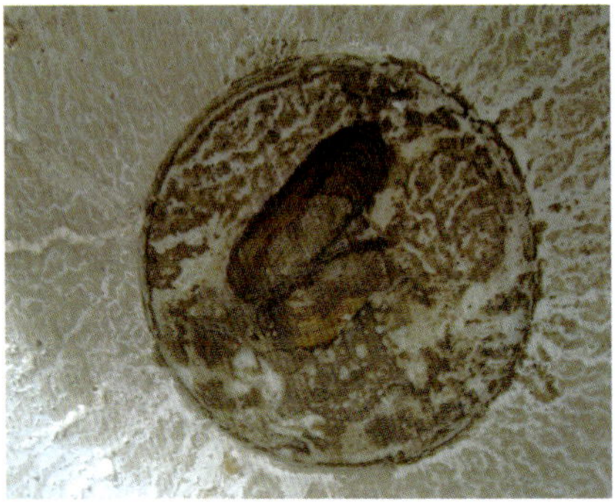

图8-18　海捞瓷器底内的牡蛎（局部）

图8-19　器表的生物遗存（局部）

蛎，这可能瓷器的内腔环境比较适宜于这类生物的生存。

以下三图是海生物死亡遗留在海捞瓷上的各种痕迹。图8-19为器表上的生物遗存，图8-20为器口内的生物遗存，图8-21为底足上的生物遗存，在出水的海捞瓷中，不同部位都会发现不同的生物尸体粘附在瓷器上的痕迹。这些痕迹是如此陈旧却有如此鲜活，它是岁月的积累，而非短时间的操作所能形成，它是海捞瓷出水的印证，是鉴别海捞瓷的依据。

(3) 盐花和盐结晶

海捞瓷还会出现一些更为特殊的现象，即在一定的时间和环境条件下，出水的海捞瓷上还会发现盐花甚至出现盐的结晶现象。要不是收藏者的用心，这类现象很有可能被疏忽，因为这种现象会随着温度的升高或湿度的变化而消失。在图8-22的瓷片上，盐花夹杂在珊瑚中，而图8-23上，盐花夹杂在海泥中，布满器身，有的已经成为颗颗盐粒，点缀在海捞瓷上。图8-24是这件海捞瓷器口上的盐结晶，结晶如网状分布，

图8-20 器口内的生物遗存（局部）

图8-21 底足上的生物遗存（局部）

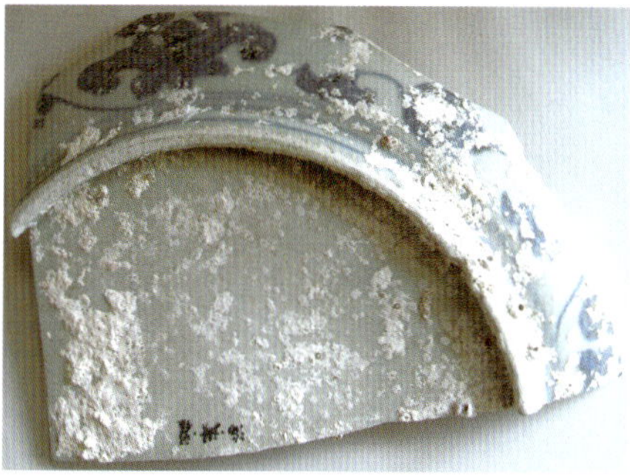

8-22 瓷片上盐花夹杂在珊瑚中

图8-23 海捞瓷上盐花夹杂在海泥中

图8-24 海捞瓷器口上的盐结晶（局部）

图8-25　扁壶上的盐花

图8-26　扁壶上的盐结晶(局部)

如丝绒般柔和，看来另有情趣。图8-25上的盐花和图8-26上的盐结晶，也是同一件扁壶上出现的现象，因全器的青花图案被盐花复盖，很难看清上面的纹饰，但从器型上看，这也许是一件元代的青花瓷器。从图8-24和图8-26可知，在比较小的器口上，在合适的条件下，海捞瓷器上可能出现盐的结晶现象。

(4) 水纹、水印和裂纹

出水的海捞瓷和传世瓷器或者出土瓷器不同，它有着明显的特征，这种特征往往和水有关，其中就包含着水的冲刷及泥沙粘附在器物表面长期受水的冲刷而留下的痕迹，这些痕迹包括水纹和水印。

水纹和水印不同的称谓，不是作者故弄玄虚，而是指海捞瓷器上的不同特征。

所谓水纹，是指出水的海捞瓷器在没有清洗前其器物表面的水波纹或者说是海水冲刷

图8-27　海捞瓷器瓶器口上的水痕(局部)

的痕迹。图8-27就是海捞瓷器瓶器口上的水痕，其蜿蜒弯曲如溪流的形状，要不是泥沙所产生的视觉定势，也不失为一种曲线美，图8-28是器物器表上的水痕，这种海水流淌的自然绝非矫柔做作的仿品所能模似，而图8-29是器物内壁的水痕，其潺潺细流把一个不幸葬身于器内的牡蛎烘托得十分诗意。这样的悲情画面恐怕也是这个小小的海生物生前所没有想到的。这些图片告诉读者，沉没海底时间很长，瓷器的不同部位都会出现长年海水冲刷留下的痕迹。

图8-28　海捞瓷器表面的水痕(局部)

这种痕迹很有可能是洗不掉的!

这就在海捞瓷上留下了水印。

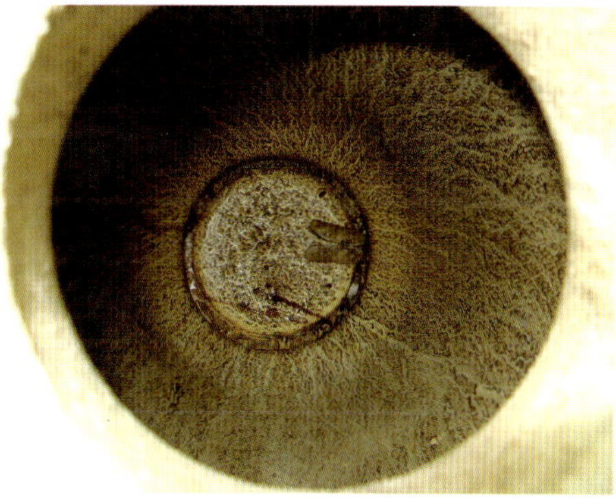

8-29　海捞瓷器壁的水痕(局部)

在图8-30上可以清楚地看出留存瓷器表面的水印，这种水印是原先粘附在瓷器表面上的泥或沙被清洗后留下的印迹，这些印迹或者说水印说明在长期水下高压的情况下，海水冲刷的痕迹已经深深地烙在瓷器的釉面上，擦之不去，洗之不尽。并不是所有的海捞瓷器都有这种水印，但有这种水印的海捞瓷器一定是真的出水海捞瓷，问题只是有水印的海捞瓷中，即使有珍稀的品种，从审美角度评估，它或多或少都会打些折扣。图8-31的海捞瓷器表面不

图8-30　留存瓷器表面的水印

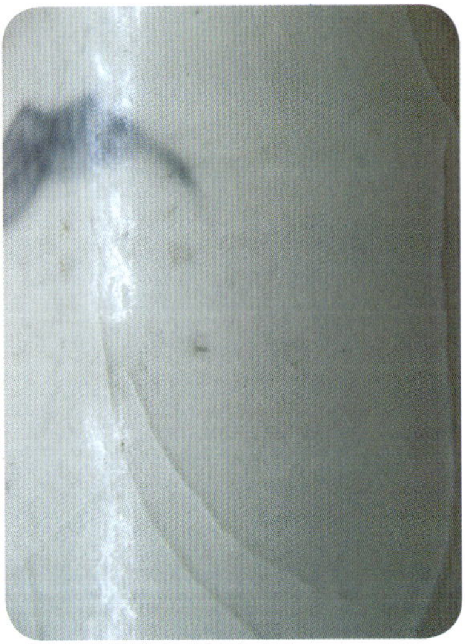
图8-31　海捞瓷器表面的水印和裂纹

仅有水纹的印记，还有裂纹。水印就是这件海捞瓷的出生证，而裂纹是不是我们常说的瓷器的开片呢？不是，绝对不是。这些裂纹不是瓷器烧制时或出窑时的开片，而是海捞瓷器出水时因压力骤减而产生的应力变化造成的缺陷，它和开片的形成机理有一定的相似之处，它都是瓷器自身应力变化而产生的缺陷，但它和开片的形成又有不同之处。开片是因为瓷器在出窑时的温度变化而产生的应力变化，而海捞瓷的裂纹是承受的压力变化而产生的应力变化。因此，海捞瓷的裂纹往往比开片纤细，也不大会布满全器，而且因为海捞瓷出水的时间都不会太久，其水印处不会出现出土瓷器甚至传世瓷器长期使用后开片线条内有各种污垢，海捞瓷的水印显得清洁无瑕。在图8-32的海捞瓷表面，因压力骤减出现的裂纹就有这种明显的特征。仔细体会这种海捞瓷器的水印，体会这种水印的一切特征，会对海捞瓷的鉴定有明显的作用。

在海捞瓷上，还可以发现釉面上因长期海水浸泡被盐浸触而形成的黑点，也可以发现瓷器的釉面会形成某种和磨砂玻璃类似的毛糙情况，这种毛糙的感觉往往仅仅产生于瓷器的局部，使瓷器的部分表面和其余部分的光洁度有着明显的不同。这些都是鉴定出水海捞瓷器应该掌握的基本要点，读者可以在本书提供的许多图片上体会这些特征。

鉴定海捞瓷是容易的，这要看被鉴定的海捞瓷属于哪种类型。带有明显水印痕迹的海捞瓷往往会容易被读者认识，但这种海捞瓷却因釉面的缺陷而丧失审美价值，如果是一件珍稀的瓷器，如果是作学术研究，它们依然不失为一件很好的藏品，但要把这样的海捞瓷器用来投资，就一定要慎重了。而没有水印的海捞瓷器，往往十分精美，甚至比传世的瓷器还要漂亮，但它的鉴定难度就比较高，因此也要采取慎重的态度。

一切草率而又轻易的鉴定，都是不可取的。

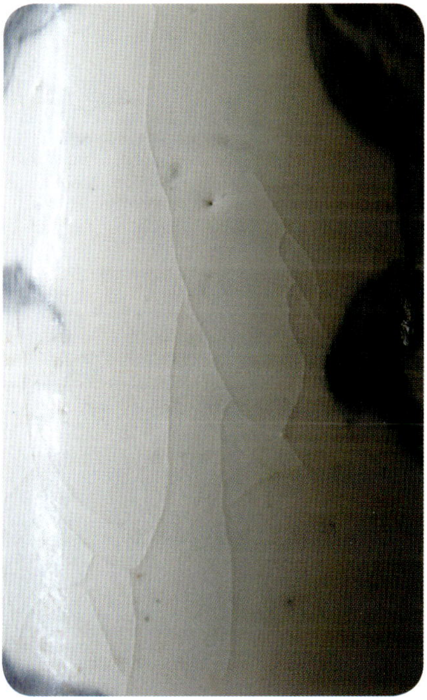

图8-32　海捞瓷表面因压力骤减出现的裂纹

九 珍稀的海捞瓷

应当承认，绝大部分海捞瓷都是各个时期的生活日常用品，因为大宗的出口瓷器都是为了适应各个时期各个国家各个阶层的各种需要而制作生产的，因此，绝大部分海捞瓷也就是各个时期的瓷器普品，它们有很大的学术价值，但从纯艺术的角度分析，它们的收藏价值可能不是很大，这一点，对于普通收藏者来说，是应该有一个清醒的认识。

海捞瓷中也有不少精品，甚至是大珍品，这些极其珍贵的海捞瓷器，或者改写了世界陶瓷的发展历史，或者出自于沉没的明清两代的赏赐船而具有极大的艺术感染力。鉴赏这些珍贵的海捞瓷器，不仅能给我们极高的审美享受，使我们体味皇家贵族的奢侈品味；更能使我们领略我国古代陶瓷艺人非凡的艺术创造，领会我们祖先的辉煌成就；也更能使我们感到保护这些伟大创造的历史责任。

为了更好地理解和欣赏这些珍贵的海捞瓷器，本书只选择还保留出水时的原生态和清洗后倩影的同一海捞瓷提供鉴赏。在这里，我们要衷心感谢国内收藏界的不少朋友，他们在收藏经历中，不仅和国外的一些收藏家争夺我国的珍贵文物，用自己的血汗钱把这些宝物留存在国内，而且还慷慨地表示，只要国家需要，他们可以无偿捐献手中的珍宝，他们的善意抢救，为中国留下了不少珍品。其中不少藏家实在是个有心人，他们把自己收藏的海捞瓷都认真地作了记录，从出水时刻起，都为它们拍摄了照片，使我们在写作中能够充分利用这些原始资料。而这些原始资料，恰恰又是鉴定和鉴赏海捞瓷珍品的有力依据。

我们也要感谢海外的一些收藏家，他们也积极支持作者的写作，把精心收藏的海捞瓷珍品图片提供给作者，让这些人间瑰宝走出深闺。

下面就把藏友们的一些珍品一一介绍，以飨读者。

1.明嘉靖五彩鱼藻纹盖罐

嘉靖五彩是中国陶瓷史上闻名遐迩的品种，特别是嘉靖五彩鱼藻纹罐，更是收藏家梦寐以求的珍品。在各大博物馆中，一旦收藏有嘉靖五彩鱼藻纹罐（图9-1），一般者会放在显著的位置展出，上海博物馆、中国国家博物馆和故宫博物院都有嘉靖五彩鱼藻纹罐的展出。

出水的海捞瓷中，也发现了它的倩影。

图9-1　故宫博物院展出的嘉靖五彩鱼藻纹罐

图9-2就是一件出水的嘉靖五彩鱼藻纹罐，没有清洗前可以清楚地看到器物表面的水迹，在图9-3鱼藻纹罐罐内的痕迹中，还可以看到海底生物的残骸。这件海捞瓷清洗后，其亮丽的画面足以令一些馆藏品相形见绌。图9-4就是清洗后的鱼藻纹罐的全貌，它放在

图9-2　出水的嘉靖五彩鱼藻纹罐

图9-3　五彩鱼藻纹罐内的痕迹

图9-4　清洗后的嘉靖五彩鱼藻纹罐

一个民间博物馆中实在令满堂生辉。鱼藻纹罐的纹饰，丰腴的红鲤在漂曳的池塘水草衬托下，有一种跃出水面的动感。

我们知道，五彩是在斗彩的工艺发展而成的。明代嘉靖著名的青花五彩瓷器。在某种意义上也是一种广义的斗彩，它也是釉上彩和釉下彩工艺的结合，分两次烧制而成，只不过它不是用青花勾勒图案的轮廓，而是将青花作为一种蓝色施在釉下和釉上的其他颜色相互衬映。所以青花五彩更为浓艳热烈，在嘉靖和万历时期盛极一时。这件嘉靖五彩鱼藻纹罐，虽然为出水器物，却保存完整，特别是器盖还能一起出水，实在难得。盖为天地式，宝珠形钮，罐为圆唇，短颈、丰肩，圆腹，腹下渐收，内圈足，底部书“大明嘉靖年制”款。器物的肩部绘莲瓣纹一周，腹下部绘蕉叶纹一周，罐盖和腹部以红、黄、蓝、绿等色彩描绘出荷花、水藻和游鱼等图案，鱼戏水草之中，怡然自得。特别要指出的是，此罐表面修胎平整，依稀可见接胎痕，比一些馆藏品更为精美。其原因可能这是一件明代赏赐给外番的御用品，好中取好，故而十分精美。

2.清道光王炳荣白瓷堆塑龙纹罐

中国陶瓷的堆塑工艺可以追溯到新石器时期，一些原始陶器上出现的贴敷纹饰，就是这种工艺的前身。而把堆塑工艺制作得炉火纯青，而又能在陶瓷史上留下姓名的，实在是寥寥无几，清代道光年间的陶瓷艺人王炳荣可以说是其中的佼佼者。

王炳荣在陶瓷史上和同时代的陈国治齐名，而王炳荣制瓷喜欢在素瓷上雕刻，其作品以精雕细琢而闻名于世。王炳荣的作品题材广泛，动物、花鸟、人物都是其刀下常见的题材，而以龙纹雕刻最为著名，所雕龙纹栩栩如生，有呼之欲出的动感。他的作品往往在底足处出现阳文篆书“王炳荣”三字的图章款。

图9-5就是一件清道光王炳荣制作的龙纹白瓷罐，没有清洗前罐的表面不仅沾满泥沙，还能看到不少盐花，这是出水器物海水盐结晶析出的现

图9-5　清洗前的清道光龙纹白瓷罐

图9-6　清洗后的清道光龙纹白瓷罐

象。尽管表面泥沙蒙面，却依然遮不住龙纹威严的气势。图9-6为清洗后的龙纹白瓷罐，放在展柜中别有风味。这件将军罐为典型的清代器型，虽然是一件素瓷，其白色因岁月的缘故而演变成奶黄色，但更能显示岁月的沧桑，使人一见就知道是一件开门见山的藏品。整个器型，庄重端正，龙身神态翼翼，显得凝重苍老。清代的龙其下颌部多长过上颚，所谓的“地包天”造型，在这件雕龙罐上表现得淋漓尽致，更增添了龙的怪异与可怖。其龙角处的点点突起和龙身的片片麟纹，可见王炳荣大师的雕刻功力，特别要观察的是龙睛，以细小的黑点镶嵌在龙眼中，真正是达到了画龙点睛的效果。这种精湛的雕刻工艺不是一般的陶瓷制作者所能模仿的，即使是一些当今的著名陶瓷艺人恐怕也只能望其项背。王炳荣在创作上以精雕细刻、刻划入微取胜，其所塑的雕龙生动，气势，为其不可多得的佳作。这件雕龙瓷罐的艺术价值和投资价值比官窑瓷器过之而无不及。由此可见，清代民窑生产的外销瓷中，不乏当时著名陶瓷艺人制作的精品瓷器，如嘉道年间的陈国治、王炳荣等人，凭他们的雕瓷作品，在当今社会一定会被评为中国工艺美术大师，象这类大师级的瓷器作品，其艺术价值和收藏价值，绝不亚于官窑瓷器。

3.清乾隆蓝釉天球瓶

清代乾隆朝的瓷器，一直是收藏界追捧的对象，这不仅在于乾隆官窑瓷器有一种雍荣华贵的皇家气息，也更在于乾隆朝瓷器美轮美奂的艺术创新，收藏界一直被乾隆瓷器工艺上的完美追求所折服，因而乾隆的官窑器也一直是市场追捧的宠儿。而我们对乾隆朝瓷器的成就还远远不能说已经充分了解，乾隆蓝釉天球瓶，就是一件出乎意料的珍品(图9-7)。

从图9-7可见，天球瓶的表面布满泥沙和结晶的盐，其釉色依稀可见为天蓝色。据藏家介绍，刚收藏到这件天球瓶时，他还以为这是一件清代的

图9-7 清洗前的乾隆蓝釉天球瓶

图9-8 清洗后的乾隆蓝釉天球瓶

蓝色玻璃瓶，其晶莹剔透的色泽，尽管在盐沙掩盖之下，仍发出一种奇特的光彩，就如一件硕大的蓝宝石吸引藏家动心。当收藏者小心翼翼地把这件酷似玻璃的瓷器清洗完后，才露出其庐山真面目，原来是一件颜色特别艳丽的蓝釉天球瓶。

图9-8就是这件天球瓶清洗后的倩影，因其底足上有‘大清乾隆年制’六字款，而确知为清乾隆蓝釉天球瓶。

此瓶因釉面厚，釉层晶莹，因而十分容易清洗，且清洗后不留痕迹，其蓝晶晶的色彩是迄今为止还没有见诸报道的色泽。这种蓝宝石般的光彩，使其光泽不是玻璃却又胜似玻璃。在国内各种博物馆中很少看到类似的色彩，实在是乾隆朝的天工之物。这件天球瓶因数百年岁月的沧桑，其光泽亮中带柔，莹润无比，真是海捞瓷中的一件尤物。这样的发色，这样的蓝色，可谓从未见诸于报道。在已知的中国陶瓷史中，从未看到如此晶莹的蓝色，所谓宝石蓝，恐怕就是指这样的蓝色，实在是前无古人后无来者，在这样一件稀世珍品面前，现代陶瓷艺术家恐怕只能发出一声叹息。

遗憾的是，这件天球瓶在器口中有少许磕碰，这究竟是在海底受海水冲刷或者海底生物碰撞所留下的痕迹，还是打捞时不小心碰破，抑或是主人清洗不当所致？尽管有这样的小伤，这件清乾隆蓝釉天球瓶依然价值非凡。

4. 明洪武釉里红菊花纹碗

明代洪武一朝的瓷器，其青花因色彩的缘故，常常不为人称道，而其釉里红瓷器，虽然也有色泽不佳者，却一直是收藏家喜爱的珍品。在海捞瓷中，也发现了洪武釉里红瓷。

这是一件洪武釉里红菊花纹碗，为典型的洪武朝器型（图9-9），其纹饰为典型的洪武时期经常出现的装饰，口沿为萱草纹，以下是缠枝莲纹，碗心外圈为一层回纹，而碗心则是洪武时最为常见的菊花纹饰。图9-10为出水的洪武釉里红碗底和碗外壁，碗底的泥沙比外壁更为显著，还隐约可见

图9-9 洪武釉里红菊花纹碗碗心

图9-10 洪武釉里红菊花纹碗碗底和外壁

图9-11 清洗后的明洪武釉里红菊花纹碗

残存的海生物遗骸。碗外壁从口沿往下，其装饰纹样依次为萱草纹、缠枝扁菊纹和如意头纹。图9-11为清洗后的这件明洪武釉里红大碗，其装饰风格看得更为清楚。图9-12是明洪武釉里红碗底的火石红，这也是典型的明早期瓷器的特征。

图9-13是明洪武釉里红菊花纹饰，由此可以清楚地看到洪武时期釉里红发色的特殊性。这件釉里红器应该是发色比较鲜艳的红色，但是仍旧可

图9-12　明洪武釉里红碗底的火石红

图9-13　明洪武釉里红菊花纹饰（局部）

以发现其红色还是偏暗，可以明显看出红色浓淡不一，浓艳的红色往往显块状分布，特别要注意的是，红色浓艳处的中心部位往往有暗绿色的色块。这种现象是早期釉里红器固有的缺陷及特征。

为什么早期的釉里红瓷器会有这样的特征呢？我们知道，瓷器的红色是CuO作为呈色剂的作用所致，但是，要使氧化铜呈显红色，必须满足两个条件，即氧化铜在高温和还原的气氛下才会呈现红色，而在低温和氧化气氛下却会呈现绿色。氧化铜的这种化学特性，是我国陶瓷工人在长期的烧制过程中逐步掌握的。在瓷器出现的萌芽时期，也就是汉代，尽管陶瓷的表面也被刷上氧化铜这种呈色剂，但因烧制的温度在摄氏1000度以下，且窑炉内的气氛控制不好，大量游离氧的存在，使得氧化铜只能呈现绿色，这也是汉代出现众多绿釉陶瓷的根本原因。随着陶瓷制作技术的进步，摄氏1300度左右的高温和窑炉的还原气氛的控制，已经能够解决，这样烧制釉里红的可能性就出现了。不过，在釉里红这种瓷器的烧制早期，升温速度还控制不好，窑内的气氛也不能及时达到还原气氛的程度，因此，在整个升温过程中，当温度慢慢抬升时，还在低温和氧化气氛下，一些铜离子就迫不及待地反应，呈现它们在低温下的特征，即呈现绿色。由于窑工的本意是烧制釉里红瓷器，在不断的升温过程中，终于达到摄氏1300度左右的高温，而窑炉内的气氛也处于还原状态，大部分的铜就呈现了它本来应该呈现的红色。这就是早期釉里红瓷器红中带绿的机理，明白这个道理，对于我们鉴定古代釉里红瓷器有着事半功倍的作用。

一件海捞的洪武釉里红瓷器，让我们不仅能得到美的乐趣，更能让我们知道美的机理。知其然，更要知其所以然，这样的鉴定才是可靠的鉴定。

5.元青花龙纹罐

图9-14　元青花龙纹罐

2010年6月1日，新华社发出的一篇新闻《南海水下考古获重大发现（20多年来首次水下采集到元代青花瓷）》，在考古界引起强烈反响。由海南省文物局牵头，中国国家博物馆水下考古队具体实施的本次考古调查活动，调集海南、福建、上海、山东等地的水下考古队员，历时一个多月，从西沙永乐环礁，发掘出水3000余件各类文物，采集到180件元代青花瓷器标本。同时，考古人员还发现这些水下遗址明显被盗扰。为此，当地公安边防派出所与渔民签订了2011年度南海水下文化遗产保护责任书，要求自觉保护南海水下文化遗产，杜绝侵犯南海水下文物的不法行为。显然，已经有不少元代的青花瓷器走向了各地的文物市场，也极有可能这些珍贵的元代瓷器已经走出国门。好在国内不少有识之士在这场保护国家文物的斗争中冒着不被认可经济损失的风险，善意收购了许多珍贵的元青花瓷器，使得不少珍品得以留存国内。下面就是一件出水的元青花龙纹罐。我们要感谢收藏者的细心，他把清洗前后的相同画面作了认真对比，让我们得以一睹这件元代瓷器的风采。

图9-14就是这件元青花龙纹罐未完全清洗时的状态，图9-15、图9-16是清洗后的龙纹罐。这是一件元青花龙纹大罐，唇口、直颈、溜肩圆腹。自

图9-15　清洗后的龙纹罐1

上而下的纹饰分别为海水纹、缠枝牡丹纹、龙纹和莲瓣纹，龙纹细颈蛇身，镰刀爪，典型的元代龙纹。此罐青花发色灰暗，为早期元青花火候控制不佳的代表器型。

同一件罐上，龙纹采用了不同的形式，一为昂首龙，一为回首龙，足见元代陶瓷艺人的艺术水准。

图9-17是元青花龙纹罐内可见明显的接胎线，这是元代瓷罐内常见的接胎工艺留下的痕迹。

图9-16　清洗后的龙纹罐2

图9-17　元青花龙纹罐内可见明显的接胎线

这件元青花龙纹罐，虽然其发色不算上佳，但其器型和纹饰，也为早期元青花的发展提供了佐证。

6.元青花梨式壶

图9-18　海捞的元青花梨式壶

梨式壶是元明清时期常见的一种壶，其中更以明洪武朝的甜白釉梨式壶最为出名。图9-18是一件海捞的元青花梨式壶，图9-19是这件梨式壶的清洗过程，图9-20为清洗后的元青花梨式壶。这位收藏者实在是个有心人，这三张图把这把壶的清洗过程完整地展示出来，使读者能对海捞瓷的表面痕迹和釉面的关系有一个比较全面的认识。这件梨式壶表面粘有沙泥的混合物，应该说有一定的清洗难度，但清洗后却晶莹可爱，这和这件壶本身的釉面有极大的关系。凡是釉层厚，釉面烧结不错的瓷器，其沾污的杂物比较容易清洗。从器物上看，这是一件元青花凤纹梨式壶，凤为鸡首，两翼舒展，凤尾飘

图9-19　元青花梨式壶清洗过程中

图9-20　清洗后的元青花梨式壶

逸，极具动感。发色蓝中带紫，犹如蓝宝石般绚丽，从图9-21的局部特写中，可见其发色为典型的元青花呈色特征。

这样一件元青花瓷器，谁见谁爱。

图9-21　元青花梨式壶（局部）

7.元青花釉里红盖碗

在我国陶瓷史上，以铜着色的釉下彩瓷始于唐和五代年间的长沙铜官窑，但真正的釉里红瓷器应该烧制于元代。“釉里红与青花两者的不同在于釉里红釉下彩对温度和气氛都较敏感，要在非常合适的温度和较重的还原气氛下方能形成纯正的鲜红色。由于铜在釉中溶解、扩散和易于挥发的特性所以特别难烧，需要有固定的窑位进行专门的烧成方能得到最佳产品。因此制作釉里红要比制作青花瓷的难度大得多。”①

一般认为，元代是釉里红技术的初步阶段，釉下红色都不太鲜艳（当然也有例外，如元代集宁路遗址出土的釉里红玉壶春瓶就色彩鲜艳），明代洪武时的釉里红多数是暗红色，宣德时釉里红的技术虽然有长足的进步，但有明一代，釉下红彩的技术却没有得以发扬光大而逐渐衰落，直到清康熙时期，这一釉下彩技术才得以重新崛起，至乾隆朝成为我国陶瓷制品的一朵奇葩。把两者结合在一起的青花釉里红技术，其烧制难度比青花或釉里红的要求更为苛刻。过去认为，虽然“青花釉里红双下釉下彩瓷也是始于元代，但明代制作不多，直到清代康熙时期才又发展起来”②。但出水的海捞瓷，可能要使我们重新认识元代的青花釉里红瓷器。

为使读者了解元代釉里红瓷器的原生态，我们配的四张图片，都是有

图9-22　元青花秋里红盖碗1

图9-23　元青花秋里红盖碗2

图9-25　元青花釉里红盖碗的碗心

图9-24　元青花釉里红碗盖

这件元代青花釉里红瓷器清洗前的照片，但仍旧能看出纹饰图案和青花及釉里红的发色。

这是一件盖碗，它可以使读者从器型、纹饰、青花发色等各个方面判断它的真伪。图9-22是这件元青花釉里红盖碗的全貌，图中可以看到它的盖、碗和底足。虽然在海中泥沙的掩饰下，但青花发色依然可见蓝中带紫，晶莹剔透。釉里红的颜色看上去似乎为暗红色，但抹去泥沙，恐怕红色为更加鲜艳。器身上不尽沾满泥沙，还能发现多次海生物的残骸，有的还粘附在口沿处，有的却仅仅剩下曾经攀附的遗迹。从图9-23元青花釉里红碗身上可以把这些残骸看得更为清楚。而碗中的蚯蚓状海水冲刷的痕迹，把这件碗的年代放置到遥远的过去。图9-24是这件元青花釉里红碗盖的全貌，青花和釉里红的发色依稀可见本来的鲜艳，可以断定清洗后的这件盖碗一定光彩夺目。图9-25是这件元青花釉里红盖碗的碗心，可见其碗内不施釉。斑驳的海生物残骸和蜿蜒的海水冲刷痕迹，使这件没有清洗的元代瓷器平添岁月的沧桑。

据收藏者说，这样的盖碗，一般不会单个出现，往往是成套几个一起出现，这就说明这样的盖碗是作为日常生活用品而运往海外的。

从这件盖碗的发色和纹饰来看，它应该是元代的瓷器，其实更为可靠的是这件盖碗上有款，写明了为大元至正的年号。因收藏者不愿提供相关的照片，我们也无从知道款的部位、字数和字体。至于主人不愿提供款的图片，估计是传统的说法凡是有款的元代青花瓷器都是造假的赝品，因而大大影响了主人对外交流的积极性。由此可见，用正确的唯物辩证法的认识论来对待文物研究，也就是确立了先有实物，再有认识；而不是先有理论再有实物的认识过程，我们才能正确认识不少非科学发掘的出水文物或者出土文物。

8.17世纪青花人物纹一统瓶

17世纪是我国出口瓷器最为繁盛的时期，其中不少外销瓷就带有明显的明末清初的风格，因此，海捞瓷中也就出现了不少这个时期的瓷器。图9-26就是一件明末清初时期的青花人物纹一统瓶。一统瓶，又称为象腿瓶，因其形状如象腿一般而得名。这类瓶子最早就出现于明末清初，国人对其重视不够，故而大量流失国外，所以这类瓶子在国外收藏颇多，在海捞瓷中也发现了此类器型的青花产品。

这类象腿瓶因其器型的特殊性，形成了独特的装饰风格，成为鉴定这类瓷器的重要依据。

这类瓶子，一般都会在口沿下方的肩部和近底足处印有暗花装饰；其次，在口沿下方往往有倒

图9-26　青花人物纹一统瓶

图9-27　清洗后的青花人物纹一统瓶

置的子母芭蕉纹；第三，经常用密集的V字来表示草地，使得画面不会造成空旷稀疏的视觉效应；第四，画面中往往绘有山石，并配以云彩，这样既能支撑起整个纵向画面，克服了此类瓶子长宽比例较大的视觉感受，又能对图案中的人物、马匹、庭园作出陪衬。图示的海捞瓷带有典型的一统瓶的装饰风格，口沿处为子母芭蕉纹，芭蕉纹中茎不留白，肩部和底足上方为不太明显的暗刻纹，而纵贯上下瓶身的山石和云彩，使整个图案有了一个可靠的支撑，又能使骑马急驰的人物有了充分扬鞭的余地，而几层V字形的草地仿佛有增加了空间的宽度（图9-27）。这样的明末清初时期的青花人物纹一统瓶，因深藏水下数百年，出水后如同新出窑一般锃亮，但观赏一统瓶口沿处的子母蕉叶纹和一统瓶上的人物，不仅画面栩栩如生，人物奋蹄扬鞭的形象给整个画面带来了明显的动感，而不觉得空间的局促。其口沿下釉面出现的缩釉点和整个釉面亮又柔的光感，无不证明这件器物的年代。

因非科学出水物，我们不能知道沉船的确切年代，因此不能根据沉船来确定它的真实年代。一统瓶虽然最早在明末就已出现，但以顺治时最为流行，康熙朝继续生产，此后逐渐淡出。

有人说这是一件清代康熙时期的作品，其理由为以下几个：

首先，这件瓶子没有酱口的存在，这就使它的断代变得容易些，因为口沿处出现一圈褐色（俗称“酱口”），是崇祯时出现的一统瓶特有的装饰风格，而在顺治时最为流行，没有酱口，它就比较可能是康熙的东西；其次，根据汪庆正先生的观点，“在一些立体器物的口沿部位常见倒挂的蕉叶纹，较早的蕉叶纹中茎留白，较晚已不见留白中茎。”③的观点，这件一统瓶的子母芭蕉纹中茎不露白，它应该后期此类瓶子装饰的手法，所以似乎应该是康熙时期的东西；第三，它的绘画手法，其人物的造型，特别是青花的渲染，已经可见康熙时期墨分五色的感觉。综合这些因素，把它定为康熙时期的作品应该是不错的。

但也有人认为，从这件瓶子的工艺和底足来看，应该是崇祯时的器物。所以对于一件古代瓷器的鉴定，不同的人会有不同的认知，妥善的态度，恐怕还是学学英国巴特勒家族的学术见解，即把这件瓷器称为中国17世纪时期的作品。

9.清代道光官窑高足碗

清代道光年间，因国力的削弱，反映在瓷器的制作上，无论是胎釉或者纹饰，都出现了大滑坡，多数瓷器胎质疏松，釉面稀薄粗糙，青花出现晕散，少量精品仅仅限于官窑的生产上，而官窑瓷器的质量也与清三代的瓷

图9-28　出水的清代高足碗

图9-29　高足碗上的道光款

图9-30　清代道光的高足碗

器不可同日而语。这件清道光年间的高足碗，也许是这一时期难得一见的精品。

图9-28是它没有清洗时的照片，从图9-29上，尽管还沾满污垢，但仍能看到“大清道光年制”的六字篆书款。这类高足碗在道光年间产量不少，从这件海捞瓷的出水，也可以看出当时还是外销的大宗商品。图9-30是它清洗后的倩影，从图中看出，这是一件青花梵文纹高足碗，其纹样规正，但略显呆板，缺乏灵动感，所绘的缠枝莲花缺乏元明时期的飘逸感。

和本章介绍的其他瓷器相比，这件道光年间的青花高足碗算不上珍稀，之所以撰文推出，主要是因为道光年间是中国瓷器出口的高峰，在西方列强用大炮轰开中国的大门后，瓷器的出口就如潮水般涌出国门，而外国商人也把中国的瓷器作为在华贸易的主要商品，在大量外销的过程中，因各种原因沉没海底的船只也可能比其他时期更要多些，这样，在海内外的各种文物市场上就完全可能遇到道光年间的海捞瓷。

10. 明青花釉里红婴戏纹大盘

在绘画技巧上，经常可以看到画家用嫁接的技法创作，而这种技法，早在明代的瓷器生产上已经出现，这件青花釉里红婴戏图大盘就是用嫁接技法创作的。

为了让读者对比这件瓷器清洗前后的面貌，我们把相同的画面一前一后放置。图9-31是未清洗的这件青花釉里红瓷器，而紧接其后的图9-32就是清洗后的图片。前者婴孩依稀可见，后者孩童清晰可辨。

图9-31　清洗前的青花釉里红婴戏纹大盘

图9-32　清洗后的青花釉里红婴戏纹大盘

此盘花口，宽边，深腹。盘沿和盘心的纹饰都以青花釉里红工艺烧成。众所周知，从元代开始的釉里红烧制技术，一般来说有三种不同的装饰手法，即线绘釉里红、拔白釉里红和涂绘釉里红技术。所谓釉里红线绘，就是在瓷胎上用铜红料线条，描绘各种不同的图案花纹，这种釉里红技术容易产生飞红现象；所谓釉里红拔白，就是在白胎上留出所需的图案花纹部位，或在该部位上划出图案花纹，用铜红料涂抹其他空余的地方，烧成后图案，其花纹即在周围红色之中以胎釉的本色显现出来；而釉里红涂绘技术就是以铜红料在瓷胎上成片、成块地涂绘成一定的图案花纹。

后两种的釉里红拔白和釉里红涂绘技术都能减少线绘容易产生的飞红现象。从图9-33可知，这件青花釉里红婴戏图大盘，上面的釉里红图案分别采用了线绘和涂绘技术，其中盘心青花双圈外的纹饰用线描绘制，而盘

图9-33　明青花釉里红婴戏纹大盘盘心图案

沿的花卉和孩童的鞋子则以涂绘的方式绘制，不同的釉里红装饰技术，对画面起到了不同的装饰效果。而明代釉里红烧制技术的进步，使得所用的线绘技术并没有出现早期釉里红技术经常出现的飞红现象。

除了釉里红技术的不同装饰手法外，这件盘子的青花烧制技术也采用了不同的手法。其盘沿为青花，而盘心却是蓝底白花，即所谓的“反青花”技术，青花线描的白色孩童，身穿红色兜肚，在幽蓝的底色衬托下，更显得滋润可爱。更为值得称道的是，这件明代青花釉里红大盘，在绘画技法上，运用了比较少见的嫁接手法。由图可知，三个孩童连环相接，一卧一仰，煞

图9-34　清洗后的盘底

图9-35　底款“长春富贵”

是有趣。左首为一个孩童仰天躺在蓝色的草地上，手脚向上并举，憨态可掬。在这个孩童仰起高跷的白嫩双腿，右接的却是一个卧倒的小孩身躯，同样是高跷的白嫩双腿，在左边的小孩是全身仰卧，而在右边的小孩却是全身俯卧，一正一反，匠心独用，显示了高超的艺术构思。三个小孩，却出现六个不同的形象，我们不得不佩服明代陶瓷艺人的天才创造力。

图9-34是青花釉里红婴戏图大盘清洗后的盘底，图9-35是其底款“长春富贵”四个大字，其中“富”字的写法为宝盖头上面少了一点，这是取富贵不出头的意思，套用曲阜孔府前的对联之意。“长春富贵”四个字在陶瓷款识中一般被称为吉语款，是宋代就开始出现在陶瓷上的常用款识，而明代更为流行。

这件青花釉里红婴戏图盘之所以珍贵，不仅在于它的烧制技术，更在于它的具有创意的绘画技能。

11.明弘治黄釉龙纹豆

这是一件豆的清洗前所摄的照片(图9-36、图9-37)，隐约可见它应该是一件单色黄釉的瓷器，之所以列出这件豆不同部位的照片，除了想显示其中的黄釉外，还想告诉读者，满身的海泥所掩盖的真相，使人们很可能忽略它的珍稀程度。

图9-36　清洗前的明弘治黄釉龙纹豆1

图9-37　清洗前的明弘治黄釉龙纹豆2

图9-38　明代弘治黄釉龙纹豆

清洗后一看，大吃一惊，方知这是一件极其珍贵的明代弘治年间的黄釉龙纹豆（图9-38）。

在中国陶瓷史上，明代弘治瓷器以单色黄釉最为著名，一般冠以“鸡黄釉”或“嫩黄釉”，而常见的器型中基本没有豆这类器型，耿宝昌先生所著的《明清瓷器鉴定》一书中，也不见介绍弘治的“豆”型器。因此，这件黄釉豆的出水，为明代弘治瓷器的成就又添新彩。

那么这件黄釉瓷器究竟是否明代弘治年间的器物呢？也许有人会提出，不能因为它表面的污垢而一定相信它的真实性。

我们先来看它的底款。如图9-39所示，为大名鼎鼎的“大明弘治年制”六字青花款。对于弘治朝的官窑款，基本的共识有以下几点：短横“大”、失衡“弘”、低水长底“治”、长腰“制”。由图可知，这件黄釉豆的“大”字，其首笔一横较短，符合“短横大”的特征；它“弘”字的写法，的确是“弓”大于“厶”字，可以说是“失衡弘”；其“治”的写法更是完全和低水长底的弘治款一致，即三点水的“水”部明显低于右旁的“台”部，而右边的“台”部，其下面的“口”字最后下面的一横，长出“口”外；最后“制”字的写法，也完全吻合“长腰制”的特征，即“製”字的中间一横明显偏长。

图9-39　豆底“大明弘治年制”款

图9-40是这件黄釉龙纹豆心的龙纹。按照耿宝昌先生的说法，明代弘治年间的瓷器鉴定“纹饰线条纤细舒展，比成化时的更为柔和秀逸”④。观赏上述两图，的确能体会这种纤细和秀逸。关于弘治时期龙纹的画法，一般都有“近视龙”的

图9-40　黄釉龙纹豆心的龙纹

图9-41　黄釉龙纹豆心的龙纹（局部）

说法，喻其龙眼的画法仿佛是戴着一副眼镜，而观赏图9-41的龙头，其龙眼真的好像戴着一副眼镜，名符其实为“眼镜龙”。

纹饰图案符合弘治的时代特征，那么其釉色呢？耿宝昌先生在同书中说：“弘治黄釉最佳，黄色娇嫩，如鸡油一般；釉面光亮，如一泓清水。此时的釉色和釉面，较之成化那类泛白的淡黄釉显得深且厚，但比之后来正德的黄釉，则又浅淡适中。”⑤反复揣摩黄色釉面，读者可以心领神会其中的“娇嫩”、“深厚”和“浅淡适中”的韵味。

把这件也许是仅见的明弘治黄釉龙纹豆列出，是想告诉读者，在大洋底下，有许多陶瓷的谜团正在等待人类去揭示。

12.明宣德青花牡丹纹梅瓶

明宣德青花瓷器是许多博物馆和收藏家十分宠爱的珍品，拥有它，不仅是财富的标志，更是品味和文化的台阶。而在海底，这类瓷器也正在等待着人类的发现。

这件也许令人震撼的明代宣德时期的青花梅瓶（图9-42、图9-43），因为它的大，比收藏于美国的一件40多厘米的明宣德梅瓶还要高上许多。这样的梅瓶，光看瓶身的泥沙，多数人不会相信它的真实性，现在我们就来讨论它的真伪。

先看器型。在陶瓷鉴定中，收藏界往往有两种不同的意见。一种认为，学习陶瓷鉴定主要应该看瓷片，因为瓷片能够看清釉层和胎体，它对了解陶瓷的工艺有很大的帮助；另一种意见认为，学习陶瓷鉴定主要应该看整器，

图9-42　出水的明宣德青花牡丹纹大梅瓶

图9-42　明宣德青花牡丹纹大梅瓶

只有整器才能真正反映陶瓷的神韵，才能看清纹饰图案。其实，把这两者结合起来是学习陶瓷鉴定的有效途径，舍其一，都不能真正掌握陶瓷的鉴定，尤其不能舍去对整器的理解而讨论陶瓷鉴定。耿宝昌先生认为：“宣德瓷的造型风格，敦厚凝重，无论大件小品，制作均甚精致。即使器型很大，亦不觉钝重笨拙。”就梅瓶而言，“身较为丰满，均为砂底浅圈足”⑥，体现了宣德梅瓶的这种体型特征。这件梅瓶高达五十几厘米，肩部浑厚，体态稳重，确如耿宝昌先生所言，有一种敦厚凝重的风格。

图9-44　梅瓶的大明宣德年制款

明宣德瓷器的落款，可以写在瓷器的各个部位，有书写

图9-45　梅瓶的纹饰（局部）

于底足的，有落笔于瓷器底部的，也有见于肩部的，所以有“宣德款识满器身”的说法。图9-44是这件梅瓶的大明宣德年制款，由图可知，这件梅瓶的款落在肩部，而其字体具有典型的晋唐小楷风味，非仿品常见的仿宋体，字显得端庄而拙朴，凝重而典雅，“德”字的写法也是采用汉碑古体，心上没有一横。这都符合宣德瓷器的落款特征。

这件梅瓶所绘的纹饰（图9-45），它们有无宣德纹饰的典型特征呢？由图可知，它既不是元代莲瓣纹边框不相连的画法，也不是明代典型的莲瓣纹边框相连的画法，而是莲瓣纹边框间另加浓重一笔，使之似连非连，连中又有空隔，别具情趣。宣德一朝有没有这样的画法呢？在景德镇考古所陈列的出土宣德瓷器中，就有一件明宣德青花茶菊纹梅瓶，其肩部莲瓣纹的画法和这件海捞梅瓶如出一辙（图9-46）。因此，从梅瓶的辅助纹饰来看，它也应该是一件明代的佳作。

图9-46　景德镇考古所陈列的明宣德青花茶菊纹梅瓶

这件梅瓶的纹饰，它的叶子中间为空格的白色（图9-47），俗称宣德“叶子长牙”，而花卉笔法苍劲，显

图9-47 梅瓶的纹饰1

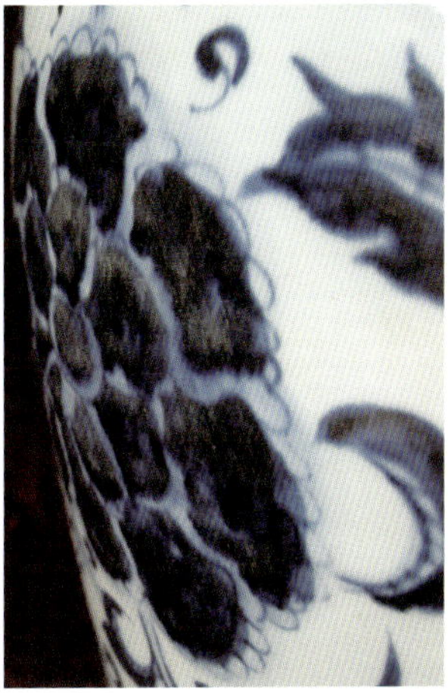

图9-48 梅瓶的纹饰2

得粗重豪放，有一种肆意奔放的豪迈，极具宣德瓷器的花卉风格。图9-48是瓷器花卉纹饰的另一特写，浓重的青色，呈现典型的苏来麻尼（旧称苏麻离青）青花的特征，结晶斑凝聚，深入胎骨，青色上黑斑沉淀、锡光亮现，使青花显得多姿多彩。这种呈色的青花，是现代仿品难以企及的高峰。

图9-49是这件梅瓶的底足，齐平的底足，其外壁仍然保留外削的元末明初的遗风，泛起的火石红足见这是一件明代早期的瓷器。

也许有的读者会提出这样的疑问，这件梅瓶的口，为典型的梯形口，是元代梅瓶的造型特征，这是不是造成某些收藏者常在口边的不同年代特征混在一起而成为臆造品呢？其实，只要对桂林靖江王陵出土的众多梅瓶有一个

图9-49 梅瓶的底足

全面的了解，就会知道，这种梯形口的梅瓶，恰恰也是明代宣德年间的造型特征。

13.明永乐青花云龙纹扁壶

这是一张残缺的照片（图9-50），却孕育着一个海洋深处提供的秘密。照片之所以残缺，不是因为拍摄效果不佳或者发霉损坏，而是收藏者刻意为之，主人不愿意把这件扁壶的全貌完整地展示出来，因为他明白，图片展示之日，就是仿品制作之时，许多造假高手就是根据相关的图录依样画瓢把仿品做得足以乱真。当这件永乐时期的云龙纹扁壶的全貌一旦呈现，仿

图9-50　海捞永乐青花云龙纹扁壶(局部)

品的出现是必然的。

永乐青花云龙纹扁壶，是各大博物馆珍贵的典藏，永乐青花云龙纹扁壶就是南京博物院的藏品（图9-51）。在世界各大博物馆的这类藏品中，基本都是如所示的那样，壶口微撇，没有壶盖，有的为永乐时期，有的为宣德时期，都为明早期的青花瓷器，故而苏料特征也十分明显。

这样的扁壶都没有器盖，这几乎是博物馆的一致共识。

图9-51　南京博物院藏永乐青花云龙纹扁壶

海捞瓷中却偏偏出现了有盖的这类长颈扁壶，可惜的是主人在收藏时没有把刚出水时的照片拍下来，但我们经主人允许观赏时，还能看清没有洗尽的斑斑水渍。收藏者不愿意提供这件扁壶的完整照片，更不愿意提供这件器物的特写照片，看不清水渍，只能隐约看出扁壶上有盖，却看不清扁壶上器盖的全貌。

独一无二的带有壶盖的永乐青花云龙纹扁壶，它的壶盖究竟是什么样的，是平盖还是圆盖？抑或其他形状的盖形？盖上有还是没有钮？珠状钮还是植物钮，或者动物钮？钮上的纹饰究竟如何绘制？

不管如何，这也许是唯一一件提示这类扁壶就是有盖扁壶的器物。要不是海捞瓷，我们可能永远不会想到，在扁壶的长颈上微撇的壶口上，居然还有一个盖子。说它“也许”，可能还会海捞出这类让人意想不到的中国古代瓷器。

海洋就提供了这样一个秘密！

13件珍贵的海捞瓷，远远不能反映海捞瓷的全貌，不能反映海捞瓷所蕴藏的数不清的秘密。可以相信，随着越来越多的海捞瓷出水，人类一定还能看到更多的海捞瓷珍品，了解海捞瓷所蕴藏的秘密，回答我们萦绕许久争论许久的问题。

海捞瓷，它是中外陶瓷学者永远的梦，它是人类征服海神波塞冬的礼物，它将永远永远萦绕在陶瓷人的心中。

---

①《中国科学技术史·陶瓷卷》，2007年版。

②《中国科学技术史·陶瓷卷》，2007年版。

③汪庆正：《17世纪明末清初景德镇民营窑业的兴盛》，载《上海博物馆与英国巴特勒家族所藏17世纪景德镇瓷器》，第39页。

④耿宝昌：《明清瓷器鉴定》，中华书局香港分局1984年版。

⑤耿宝昌：《明清瓷器鉴定》，中华书局香港分局1984年版。

⑥耿宝昌：《明清瓷器鉴定》，中华书局香港分局1984年版。

参考书籍

1.三上次男著、李锡经等译:《陶瓷之路》,文物出版社1984年版。

2.《明史》。

3.傅振伦:《中国古陶瓷论丛》,中国广播电视出版社1994年版。

4.张野波:《遗留南洋之中国古代瓷器》,Mutual Leisure S/B(577596-T)。

5.黄纯艳:《宋代海外贸易》,社会科学文献出版社2003年版。

6.中国硅酸盐学会:《中国陶瓷史》,文物出版社1978年版。

7.冯先铭主编:《中国陶瓷》,上海古籍出版社1994年版。

8.《海交史研究》。

9.熊廖、熊微:《中国陶瓷古籍集成》,上海文化出版社2006年版。

10.甘雪莉:《中国外销瓷》,东方出版中心2008年版。

11.陈万里:《陈万里陶瓷研究与鉴定》,紫禁城出版社2008年版。

12.陈伟、周文姬:《西方人眼中的东方陶瓷艺术》,上海教育出版社2004年版。

13.叶文程、林忠干:《福建陶瓷》,福建人民出版社1993年版。

14.马金鹏译:《伊本·白图泰游记》,宁夏人民出版社2005年版。

15.阿海:《雍正十年·那条瑞典船的故事》,线装书局、中国社会科学出版社2006年版。

16.陈逸民、陈莺:《唐三彩的收藏和鉴赏》,上海大学出版社2007年版。

17.广州博物馆编:《海贸遗珍·18-20世纪初广州外销艺术品》,
上海古籍出版社2005版.

18.王玉新、关涛编著:《日本陶瓷图典》,辽宁画报出版社2000年版。

19.钟森主编:《清代外销青花瓷》,广西美术出版社2006年版。

20.中国广西壮族自治区博物馆、中国广西文物考古研究所、越南国家历史博物馆:

《越南出水陶瓷·海上丝绸之路遗珍》，科学出版社2009年版。
21.刘迎胜：《丝路文化·海上卷》，浙江人民出版社1995年版。
22.《文物拍卖大典》，2009年版。
23.M.苏尔宛原作，傅振伦译：《中国古陶瓷论丛·东南亚出土的中国外销瓷器》，中国广播电视出版社1994年版。
24.加文·孟席斯：《1421年：中国发现世界》，京华出版社2005年版。
25.梁嘉彬：《广东十三行考》，广东人民出版社1999年版。
26.耿宝昌：《明清瓷器鉴定》，中华书局香港分局1984年版。

后　记

本书的写作，从酝酿到定稿，足足有十年之久，而从选题的确定到交出书稿，也有三年之久，可见其写作的难度。

首先，难在实物图片资料，而且是作者亲自上过手的资料。

在作者所有的著作中，都秉承一个最基本的理念，一切以实物说话。即我们的创作遵循辩证唯物论的认识论，先有事实，后有概念，物质才是第一性的。前人的著作当然要学习，只要前人的学说是建立在尊重客观尊重变化的基础上的科学结论，它也是我们赖以判断事物真伪的标准，我们在写作本书过程中所学习的大量资料，就给了我们不少有益的帮助，这些帮助也只能是经过自己的思考以后的作用。如果一些著作以讹传讹，以某种僵化的思维作出的绝对性的结论，我们在阅读时，往往不会盲从，不会以这种所谓的结论来左右自己的思维。人类对陶瓷的认识永远不会穷尽，更何况海捞瓷本身就是一个新的课题，它是因人类工业技术的进步而使海底打捞成为一门新的产业才产生的研究，有谁能说自己是这方面的权威？所以，这样的研究更加必须以实物为基础，以海捞的瓷器作为第一对象，而非某些人的片言只语。我们不想也不可能成为这方面的权威，因为我们知道，凭自己的学识和对资料的掌握，我们的认识一定带有很大的局限，我们只想在我国的海捞瓷研究中，起到抛砖引玉的作用。因为，海捞瓷的大量盗捞，已经使我国宝贵的文物资源大量流失，而一些所谓的“专家”对大量已经面世的海捞瓷器的否定，已经牵涉到我国文物的战略安全。

这种否定，很可能是认识上的模糊，因为海捞瓷的数量是巨大的，它冲破了某些人的对我国古代瓷器稀缺性的思维定势；海捞瓷的品种又是十分多样化，其中新发现的品种，又冲破了某些人对我国古代瓷器品种的僵化认识；海捞瓷所提供的某些陶瓷工艺，又冲破了中国陶瓷界关于陶瓷工艺技术发展的结论性意见。不讨论海捞瓷器所隐含的历史、文化、人类学、宗教学和中外文明交流的历史，仅仅就瓷器论瓷器，它就是一个又一个全新的课题，在这样广博而又精深的学科面前，谁又能说自己是权威呢？所以对一些没有见过的海捞瓷品种或者说国宝级的珍品，作出否定的结论，是完全可以理解的。

但是，最让人揪心的是一些已经不是中国人的所谓“陶瓷鉴定家”，他们和国内的某些人沆瀣一气，把一些海捞出水的珍宝级的瓷器，故意说成是现代仿品，以便轻易出关，或被国外的博物馆和私人收藏，或者梳妆打扮一番，再回流国内，以使国人付出巨额的财富去抢救这些国宝。

如果我们不能正确判定海捞瓷器的真伪，这种现象就会不断发生。如果许多人，至少是热爱收藏热爱传统文化的新一代的张伯驹、潘达宇们能掌握这些知识，或者说更多的一般收藏爱好者能掌握这些知识，再加上文博系统的行政力量，点和面的认识就能织成一张保护我国优秀文化遗产的天罗地网，使一些别有用心的人的企图不能得逞。

这就是我们写作本书的初衷。

这也是作者千方百计搜集海捞瓷的可靠资料，当然绝大多数是我们上手过的实物，留下它们的倩影，反复比较研究，以至使写作时间不断拖沓的原因。

其次，面对一些熟悉或者全新的海捞瓷器，我们自己的知识储备是远远不够的。它不仅在于对瓷器工艺、器型、纹饰、釉料和胎料的认识，更在于对于中国航海和中外交通的历史，对中国各个时期生产力水平的认识，对中外文明的交流历史，甚至对中国历代的财政赋税也要有一定的认识。否则，就不能解释瓷器外销和沉没的原因，不能理解海捞瓷提供的众多信息。谁都不会想到，海捞瓷甚至能有助于中国保甲制度的研究，而出水的海捞瓷器的确提供了这类研究的实物资料，如果没有足够的知识储备，要对海捞瓷有一个比较充分的叙述，是万万不可能的。

要全部完成这样的知识储备，可能一辈子也完成不了海捞瓷著作的写作，在经过数年的阅读和理解后，我们才能小心翼翼地开始这方面的跋涉，而这样的知识储备显然是不够的，所以我们所阐述的关于海捞瓷的知识，往往局限于瓷器本身，而更大广度和深度的展开显然力不能及。可能是鉴赏不够，思考更不够，所以这也是需要读者谅解和理解的。

我们希望读者能关注这些已经出水的海捞瓷器，不在于它们的市场价格，而在于它们所提供的古代信息，只有广泛的收藏爱好者关心海捞瓷的前世今生，才能为后来的有志者积累更为扎实的实物资料，从而更有效地保护我国的优秀文化遗产。

海捞瓷已经引起了国内收藏爱好者极大的关注，而我国相关部门也对海捞瓷的研究作出了重要的决策。一支水下打捞的潜水队伍已经从无到有地建立起来，他们在保护和打捞我国海底文物资源的过程中，起到了不可

广东省阳江市海陵岛海上丝路博物馆是大型水下考古博物馆，馆内陈列南宋古沉船“南海一号”以及系列珍贵文物

估量的作用，而国家投入巨额资金兴建的海上丝路博物馆是大型水下考古博物馆，馆内陈列南宋古沉船“南海一号”以及系列珍贵文物，更是世界博物馆历史上的创举。可以相信，通过民间和文博部门的共同努力，我国宝贵的海底文物资源一定能够得到有效的保护和研究。

这里想说的是，特别是想提供给民间收藏家的是，海捞瓷器固然是值得收藏或者说是十分珍贵的，但这是针对它的文化价值和艺术价值而言，海捞瓷器的确有着十分重要的审美价值，但是这并不等于说，海捞瓷的市场价格一定非常昂贵。我们再也不能被国内外某些古玩商人设计的商业陷阱所忽悠，以天文数字哄抬中国古代瓷器的商业闹剧，还在一幕又一幕的演出，如果这些演员只有脚本和作者本人，它就不可能一直演下去。在中国古代文物的商业行为中特别是拍卖过程中，我们千万不能成为美国戏剧家理查•谢克纳所倡导的环境戏剧中的一员，误把中国古代文物的拍卖当作“人类表演学”的课堂，让别有用心的人左右我们的社会舆论，煽动所谓的爱国心理，以历史的民粹主义成为这类闹剧中的演员，去争夺原本属于我们的财富，掏出大把大把的银子让国民的财富流出境外。

再也不要干这样的傻事了。

好在我们的文博部门已经明确不提倡去海外的拍卖市场上抢救流失海外的文物，每一个智商健全的中国古玩爱好者，都应该有着自己清醒的头脑。

面对我国数不清的古代文物，收藏爱好者应该有清醒的认识，世界上没有谁能买回所有的文物。更何况海底可能还有数以亿计的文物。

把好国门才是关键！

最后，感谢在本书创作过程中，应伟达、张帆、李健等人的帮助，感谢柯国富先生和上海大学出版社领导的帮助。